Estoicismo

Liderazgo, Disciplina, Sabiduría y Ejercicios Espirituales de la Etica Estoica. Supere la Ansiedad, Depresión y las Emociones Destructivas y Conviértase en la Mejor Versión de Usted Mismo.

Por

Jimmie Powell

Tabla de Contenido

Introducción..9

Capítulo 1: ¿Qué es el Estoicismo?..................... 12

    Los Principios Estoicos 14

    Las Cuatro Virtudes Cardinales del Estoicismo 16

    Filosofía Social 20

    Estoicismo y Cristianismo 22

    Uso Moderno de la Palabra Estoicismo y sus Pensamientos 23

Parte 1: Disciplinando Nuestros Propios Deseos: Comprender Qué Necesitamos y Qué Queremos. 27

Capítulo 2: Aprendiendo lo que Podemos Controlar..**28**

    Dejar de Lado el Control en Nuestras Vidas..................30

    ¿Qué Puede Suceder si Decido Abandonar el Control?. 35

    ¿Que cosas le Conciernen?...36

    ¿Me gustaría Sentir Como si Estuviera Ganando Libertad? 36

    ¿Cómo Acepto las Cosas como Son? 37

Capítulo 3: Cómo Vivir de Una Manera en que se Encuentre de Acuerdo con la Naturaleza 40

Armonía con el Medio Ambiente. 40

Armonía con la Comunidad. 41

Armonía con sus Medios 42

Armonía con sus Habilidades 43

Capítulo 4: Posesiones Materiales y Cómo las Manejamos con el Estoicismo 45

Las Cosas Externas no lo van a Conducir hacia la Felicidad 45

La Mayoría de las Cosas No Valen la Atención que les Dá 46

La Cantidad de Cosas que Posee Está Bajo su Control . 47

Las Cosas Materiales Pueden Brindarle una Felicidad Condicional, pero no le Brindan una Verdadera Felicidad 48

Las Cosas Esenciales Merecen su Atención 49

Las Posesiones Materiales no son Malas, Solo Necesita Ver a Través de Ellas 50

Capítulo 5: ¿Qué es la Inclinación Espiritual de un Estoico? 53

Sirviendo a Dios / El Logos 54

¿En qué Está Sirviendo y Qué es lo Más Importante en su Vida en Este Momento? 55

Sirva en Silencio, No es un Espectáculo Externo para Otros.. 56

Askesis 57

Servir a la Ciudad de Dios Antes de Servir a la Ciudad del Hombre 58

Parte 2: ¿Cómo se Comportan los Estoicos en el Mundo? 60

Capítulo 6: La Importancia de la Virtud y el Carácter.. 61

Capítulo 7: ¿Necesito un Modelo a Seguir para Ser un Estoico? 69

¿Cómo Puede Ayudar el Auto Distanciamiento con la Toma de Decisiones?... 73

Elija un Modelo a Seguir para su Propia Vida...............75

Cómo lo Pongo Todo Junto 76

Capítulo 8: Cómo el Estoicismo puede Ayudar a Lidiar con la Enfermedad Mental y la Discapacidad 79

Cómo el Estoicismo Puede Ayudar con la Depresión y la Ansiedad..82

Cómo el Estoicismo Puede Ayudar con las Discapacidades..86

Parte 3: Cómo Reaccionar Ante las Cosas que Suceden a Nuestro Alrededor. 90

Capítulo 9: Las Opiniones Estoicas sobre el Suicidio y la Muerte. 91

- Percepción 92
- Acción 95
- Voluntad 97

Capítulo 10: Cómo Lidiar con las Emociones Negativas 101

Capítulo 11: Amistad y Amor en una Vida Estoica. 109

Parte 4: Ejercicios Espirituales para Convertirse en un Estoico 117

Capítulo 12: Los Mejores Ejercicios para Crear un Estoico en Usted 118

- Practicar la Desgracia 118
- Entrene su Percepción para Ver las Cosas de Manera Diferente..119
- Recuerde que Todo es Efímero 120
- Trate de Ver las Cosas Desde Otro Punto de Vista.......121
- Piense en su Propia Mortalidad.............................121
- Piense acerca de sì la Situación está Bajo su Control.. 122

Pasar un Tiempo Haciendo un Diario 123

Practicar la Visualización Negativa 124

Conclusión... 126

© Copyright 2019 por Jimmie Powell - Todos los derechos reservados.

El siguiente libro electrónico se reproduce a continuación con el objetivo de proporcionar información lo más precisa y confiable posible. En cualquier caso, la compra de este libro electrónico puede considerarse como un consentimiento para el hecho de que tanto el editor como el autor de este libro no son expertos en los temas tratados y que las recomendaciones o sugerencias que se hacen aquí son solo para fines de entretenimiento. Se debe consultar a los profesionales según sea necesario antes de emprender cualquiera de las acciones aprobadas en este documento.

Esta declaración se considera justa y válida tanto por la Asociación de Abogados de EE. UU. como por el Comité de la Asociación de Editores y es legalmente vinculante en todo Estados Unidos.

Además, la transmisión, duplicación o reproducción de cualquiera de los siguientes trabajos, incluida información específica, se considerará un acto ilegal, independientemente de si se realiza de manera electrónica o impresa. Esto se extiende a la creación de una copia secundaria o terciaria del trabajo o una copia grabada y solo se permite con el consentimiento expreso por escrito del Editor. Todos los derechos adicionales reservados.

La información en las siguientes páginas se considera en general como una cuenta veraz y precisa de los hechos y, como tal, cualquier falta de atención, uso o mal uso de la información en cuestión por parte del lector rendirá cualquier acción resultante únicamente bajo su alcance. No hay escenarios en los que el editor o el autor original de este trabajo pueda ser considerado responsable de cualquier dificultad o daño que pueda ocurrir después de comprometerse con la información aquí descrita.

Además, la información en las siguientes páginas está destinada solo para fines informativos y, por lo tanto, debe considerarse universal. Como corresponde a su naturaleza, se presenta sin garantía de su validez prolongada o calidad provisional. Las marcas comerciales que se mencionan se realizan sin consentimiento por escrito y de ninguna manera pueden considerarse un respaldo del titular de la marca.

Introducción

Felicitaciones por descargar El Estoicismo, y gracias por haberlo hecho.

Los siguientes capítulos analizarán todo lo que necesita saber para comenzar con la filosofía del estoicismo. Hay muchas personas que nunca han oído hablar del estoicismo, y muchas de las que han oído hablar de esta escuela de pensamiento y tienen ideas erróneas al respecto. Suponen que para ser un estoico, necesitan vivir una vida sin emociones, una que significa que no pueden tener relaciones cercanas en las que no pueden preocuparse por los demás y que deben poder ignorar todas las emociones que se encuentren en su paso.

Este es un gran error que viene con el estoicismo. Los estoicos no están desprovistos de ninguna emoción como los demás. Más bien, pueden observar las diferentes emociones que están sintiendo, y luego deciden si esas emociones están justificadas para esa situación o si les gustaría simplemente dejarlas de parte y seguir normalmente con su día.

En lugar de dejar que las emociones los manejen, y en lugar de arruinar las relaciones y perder el control debido a las emociones, un estoico se convierte en el que controla la situación todo el tiempo. El estoico puede elegir cuándo mostrar sus emociones y cuándo dejar las cosas en paz. Esto puede darles un beneficio de más libertad y felicidad en sus propias vidas.

Esta guía se tomará un tiempo para discutir que es el estoicismo y todas las diferentes partes que vienen con esta escuela de pensamiento. Hay tanto que amar sobre el estoicismo y todas las formas en que puede mejorar su vida. Puede ayudarlo a tener control sobre su propia vida y sus propias emociones. Puede ayudarlo a ver la muerte de una manera diferente. Puede ayudarlo a construir más amistades y amor que antes. Por último, puede ayudar con casi todos los aspectos de su vida, siempre y cuando aprenda a usarlo correctamente.

Sin embargo, esas son solo algunas de las formas en que el estoicismo puede ayudar a su vida. Puede usarlo de muchas maneras, y aún sentir emociones como cualquier otra persona. Esta guía también hablará sobre las diferentes maneras en que el estoicismo puede ayudarlo con otros problemas tales como lidiar con la muerte, manejar la depresión y la ansiedad, y tambien en como deshacerse de los pensamientos negativos que pueden estarlo atormentando. Incluso veremos cómo el estoicismo puede funcionar bien con la religión, como por ejemplo, cuántas religiones importantes en el mundo comparten también algunos puntos básicos con el estoicismo.

Hay tanto que viene con el estoicismo. Esta es una escuela de pensamiento que mucha gente simplemente no entiende. A pesar de que proviene de la antigüedad, también puede funcionar muy bien en nuestro mundo moderno. Cuando esté listo para aprender más sobre el estoicismo y cómo puede mejorar su propia vida, asegúrese de revisar esta guía para ayudarlo a comenzar hoy.

Hay muchos libros sobre este tema en el mercado. ¡Gracias de nuevo por elegir este! Se hicieron todos los esfuerzos para garantizar que esté lleno de la mayor cantidad de información útil posible. ¡Por favor, disfrutelo!

Capítulo 1: ¿Qué es el Estoicismo?

El estoicismo es una filosofía que fue fundada en Atenas por Zenón en el siglo III antes de Cristo. Sin embargo, hay muchos griegos bastante conocidos que también practicaron esta filosofía, incluyendo Séneca, Epicteto y Marco Aurelio. Esta es una filosofía que afirma que la virtud, como la sabiduría, es la felicidad, y que el juicio debe basarse en el comportamiento de la persona, en lugar de en sus palabras. Esta ideología también habla de cómo no tenemos ningún control y no podemos confiar en eventos externos, pero podemos controlarnos a nosotros mismos y la forma en que respondemos al mundo.

La ideología del estoicismo tiene solo algunas enseñanzas principales, que luego ayudan a mantener las cosas simples en el camino. El estoicismo se propondrá para ayudarnos a recordar lo impredecible que puede ser el mundo. Nos ayuda a recordar lo breve que es nuestra vida y nos muestra cómo ser fuertes y firmes y cómo mantener el control de nosotros mismos. Finalmente, enseña que la fuente de la infelicidad que sentimos reside en nuestra dependencia impulsiva de nuestros sentidos reflexivos, más que en cualquier lógica.

El estoicismo no va a perder el tiempo con complicadas teorías sobre el mundo, sino que funcionará para ayudarnos a superar cualquier emoción destructiva que pueda surgir, y enseña a sus seguidores a dejar de lado las cosas que no pueden controlar y actuar con las cosas que si pueden controlar. Se basa más en actuar sobre las cosas que podemos controlar, en lugar de hablar y debatir sobre el mundo.

Hay tres líderes principales a quienes se les ocurrió la idea del estoicismo. Marco Aurelio, el emperador del Imperio Romano en ese momento, se sentaba cada día para escribir notas sobre humildad, compasión y moderación. Epicteto, que era un esclavo, luego comenzó su propia escuela, donde luego enseñó a muchas de las mejores mentes del Imperio Romano, y también fue un líder. Luego, estaba Séneca, quien, cuando Nerón decidió atacarlo y le exigió que se suicidara, solo podía pensar en cómo podría consolar a sus amigos y su esposa.

Por supuesto, no solo estos tres individuos practicaron el estoicismo. Se ha practicado en todo el mundo por empresarios, escritores, artistas, presidentes, reyes y más. Tanto los hombres históricos como los modernos decididieron utilizar el estoicismo como una forma de vida para ayudarlos a obtener más felicidad y evitar problemas en general. Hay diferentes principios que vienen con el estoicismo, pero la idea básica es que tenemos que aprender a aceptar las cosas que están bajo nuestro control y dejar de lado cualquier cosa que no podamos controlar. Hay muchas personas que eligen intentar controlar todo. Cuando algo no sale a su manera o cuando no pueden controlar el mundo; se enojan, se enfadan y se sienten ansiosos en general.

Sin embargo, esta es una forma miserable de vivir la vida. Siempre habrá cosas en nuestras vidas que nos gustaría que pudiéramos controlar, pero no podemos, y sentirnos molestos y dejar que las emociones negativas se apoderen de nosotros, puede llevarnos a tener una reacción que no se ajuste a la situación. Si bien no podemos controlar todas las situaciones y cosas que suceden en nuestras vidas, podemos tener control sobre la forma en que reaccionamos y nos comportamos respecto a estas situaciones. Ser capaz de hacer esto es el núcleo del estoicismo y cómo puede beneficiar a todos.

Los Principios Estoicos

En nuestros tiempos modernos, los principios estoicos han sido capaces de encontrar su camino hacia la sabiduría popular aceptada, como objetivos a los que todos deberían aspirar. Hay muchos principios diferentes que vienen con el estoicismo, pero algunas de las ideas principales que forman parte de la ética de las filosofías estoicas incluyen:

- **Naturaleza:** la naturaleza siempre es racional, a diferencia de algunas de las emociones que tienen los humanos.
- **Ley de la Razón:** Todo en el universo se regirá por las leyes de la razón. El hombre no puede escapar de sus fuerzas, pero puede, a su manera, seguir la ley deliberadamente.
- **Virtud:** Una vida que puede seguir a la naturaleza racional es aquella que se considera virtuosa.
- **Sabiduría:** La sabiduría será la principal virtud cuando se trata del estoicismo. Desde aquí obtendrá las otras virtudes del estoicismo, incluida la justicia, el autocontrol, la valentía y la perspicacia.
- **Apatheia:** Ya que las pasiones que la mayoría de las personas sostienen van a ser irracionales, es importante que su vida sea una batalla contra estas pasiones. Se deben evitar los sentimientos intensos.
- **Placer:** El placer no se ve como bueno o malo. Este tipo de placer solo puede ser aceptable si no interfiere en su búsqueda para alcanzar la virtud.
- **Mal:** El mal está en la percepción del individuo. Cosas como la muerte, la enfermedad y la pobreza no son vistas como malas.
- **Deber:** La virtud es algo que debe buscarse, no solo por placer, sino también por deber.

Estos principios son muy importantes cuando se trata de ser un estoico. Hay muchas ideas diferentes que entran en juego para aquellos que quieren vivir la vida de un estoico, y escribirlas todas y seguirlas a veces puede parecer abrumador cuando empieza este camino. Pero siguiendo los principios básicos del Estoicismo que están arriba, puede mantenerlo todo bajo control y ver algunos grandes resultados con felicidad y satisfacción con su vida como Estoico.

Las Cuatro Virtudes Cardinales del Estoicismo

Con el estoicismo, las virtudes cardinales serán las cuatro virtudes morales principales que los estoicos deben seguir. Todas las otras virtudes que tiene en la vida dependerán de estas cuatro principales. Las principales virtudes que puedes usar en su vida cuando se está preparando para ser un estoico incluyen la templanza, la fortaleza, la justicia y la prudencia.

Estas cuatro virtudes surgen en la República de Platón, y muchas de ellas entraron en la enseñanza cristiana a través de Aristóteles y otros maestros a través de los años. A diferencia de algunas de las virtudes teológicas, que se ven como los dones de Dios a través de la gracia, estas virtudes son las que cualquiera puede practicar. No importa si está practicando el cristianismo, practicando el budismo o practicando alguna otra religión. Es por esto que estas cuatro virtudes a menudo son vistas como la base de la moralidad.

La primera virtud que podemos observar es la prudencia. Esta se clasifica como la primera porque está relacionada con el intelecto de una persona. Aristóteles definió la prudencia como la razón correcta para practicar y es la virtud que debemos usar para juzgar, de manera correcta, lo que está bien y lo que está mal de la situación en la que nos encontramos. Cuando confundimos algo malo con algo que es bueno, no estamos usando la virtud de la prudencia. De hecho, en ese escenario, estamos mostrando nuestra falta de prudencia.

La prudencia puede ser difícil de desarrollar y usar. Es fácil caer en el error en su vida. Esta es la razón por la cual la prudencia nos va a pedir que busquemos el consejo de otros, especialmente de aquellos que pensamos que son jueces sanos de moralidad. Si decidimos ignorar el consejo y las advertencias de otros que tienen un juicio diferente al nuestro, simplemente porque su juicio es diferente, es un gran signo de imprudencia y no debe hacerse de ese modo.

La siguiente virtud que debe tener un estoico es la justicia. Esta es importante porque va a estar conectada con la voluntad. La justicia es una determinación constante y permanente de otorgar a todos el derecho que les corresponde en todas las situaciones. La idea de que la justicia puede ser ciega es perfecta para un estoico, ya que debe usarse sin importar cómo nos parezca la otra persona. Si tenemos una deuda con esa persona, entonces los estoicos dicen que debemos pagar exactamente lo que se debe. Y debemos tratar a todos de una manera justa y equitativa en todo momento.

La justicia va a estar conectada a la idea de los derechos. Demasiadas veces usaremos la justicia como una idea negativa, como decir "obtuvieron lo que merecían". Pero la justicia, cuando se usa de manera apropiada, se supone que es algo positivo. La injusticia ocurrirá cuando nosotros, como individuos, o a través de la ayuda de la ley, privemos a alguien de lo que se les debe. Es importante recordar que para los estoicos, los derechos legales nunca deben ser más importantes que los derechos naturales de todas las personas.

La tercera virtud a la que vamos a echar un vistazo se conoce como fortaleza. Esta a menudo también puede ser conocida como coraje, pero es importante saber que la idea de coraje va a ser diferente de cómo la imaginamos en nuestra sociedad moderna. La fortaleza hará que sea más fácil para nosotros superar cualquier temor que tengamos y permanecer lo más constante posible en nuestra voluntad cuando los obstáculos se interponen en nuestro camino durante la vida.

La fortaleza o el coraje siempre van a ser razonables y razonados. La persona que los usa no busca el peligro solo porque existe el peligro. La prudencia y la justicia son las virtudes en las que alguien decidirá qué debe hacer. La fortaleza y el coraje nos darán la fuerza para hacer estas cosas. No significa que vayamos en busca de problemas, pero sí que tenemos el coraje de seguir trabajando para lograr nuestros objetivos y nunca dejar de hacerlo.

Y luego está la cuarta virtud que es la templanza. Mientras que la fortaleza se va a preocupar por la restricción del miedo para que podamos actuar, la templanza será la restricción de nuestros deseos o nuestras pasiones. Por ejemplo, la comida, la bebida, el alojamiento y más, son necesarios para nuestra supervivencia, tanto como individuo como especie en general. Pero tener un deseo desordenado por estos bienes puede ser realmente desastroso para nuestra vida física y moral.

La templanza es una virtud que nos ayudará a evitar el exceso. Debido a esto, nos exigirá que podamos equilibrar los bienes que son legítimos y necesarios en contra de nuestro deseo desmedido por estos. El uso legítimo de estos bienes se puede cambiar en función de los tiempos de nuestras vidas. Pero es importante que sepamos cómo usar adecuadamente estos bienes y cuándo debemos detenernos para practicar la templanza en nuestras vidas.

Todas estas virtudes van a trabajar juntas. Según los puntos de vista de los estoicos, no puede ser virtuoso si solo tiene una de estas virtudes en su vida, y si falta alguna de las virtudes, tampoco sería considerado virtuoso. Es importante que trabaje para mejorar todos estos aspectos en su vida, a fin de ver verdaderamente la virtud en su propia vida.

Filosofía Social

Un rasgo distintivo que viene con el estoicismo es la idea del cosmopolitismo. Con esta idea, todas las personas van a ser manifestaciones del mismo espíritu universal. No hay tribus o países cuando se trata del estoicismo. En cambio, se trata de seguir el amor fraternal y trabajar para ayudarse mutuamente, independientemente de la raza y de dónde sea. Epicteto comenta sobre la relación que el hombre debería tener con el mundo. Según él, cada ser humano será principalmente un ciudadano de su propia comunidad, pero un hombre debe recordar que también es un miembro de la gran ciudad de dioses y hombres, y aquí la política de la ciudad solo será un todo. Somos ciudadanos del mundo antes de ser ciudadanos del país en el que vivimos.

Además, la mayoría de los estoicos sostuvieron que las diferencias externas de las personas en términos de riqueza y rango realmente no importan cuando se trata de relaciones sociales. Recuerde que muchos estoicos provenían de diferentes orígenes, incluidos aquellos que eran ricos y nobles, hasta los esclavos. En cambio, el estoicismo abogó por que debería haber una hermandad de la humanidad y que todos los humanos deberían ser considerados iguales.

Debido a todos estos pensamientos, el estoicismo pronto se convirtió en la escuela de pensamiento más influyente en el mundo Greco-Romano, y había muchas personas interesadas en escribir y hablar sobre esta filosofía en general. Algunos de los estoicos más notables y los que ayudan a contribuir bastante a esta ideología durante ese tiempo incluyen a Epicteto y Catón el Joven.

En particular, los estoicos fueron vistos como diferentes a otros de la época porque instaron a que debería haber más clemencia hacia los esclavos. Querían que los dueños recordaran que ellos, y los esclavos, provenían de la misma población y vivían en la misma tierra y que, cuando cada uno de ellos muriera, volverían a estar en los mismos términos. Debido a esto, los estoicos esperaban que el propietario tratara al esclavo de una manera justa y amable.

Estoicismo y Cristianismo

A medida que exploremos un poco más a lo largo de esta guía, el estoicismo y el cristianismo, entre otras religiones del mundo, notaremos que comparten muchas similitudes en general. Si bien muchos de los fundadores de la iglesia consideran que el estoicismo es más una filosofía pagana y una razón por la cual sus seguidores deben mantenerse alejados, rápidamente se puede encontrar que muchas de las ideas que se encuentran en el cristianismo son similares a las que se encuentran en el estoicismo como tal.

Ambas ideologías afirman que debería haber libertad interior cuando se trata de enfrentar el mundo externo y todo lo que haya ahí fuera. Ambos hablan de tener un parentesco con todos los demás humanos en el mundo. Hablan sobre la naturaleza temporal del mundo y las posesiones materiales y nuestros apegos. Piden a los seguidores que trabajen hacia un objetivo común de encontrar la libertad interior bajo su propio control, en lugar de buscar elementos materiales para encontrar esa felicidad y libertad.

Mientras lee esta guía, encontrará muchas similitudes entre el cristianismo primitivo y el cristianismo que muchas personas siguen hoy en día, y los estoicos. De hecho, es fácil practicarlos en conjunto para convertirse en una persona más virtuosa y obtener la felicidad y la libertad que desea.

A pesar de que los fundadores de muchas religiones cristianas nunca se hubieran considerado a sí mismos como estoicos, y muchos pueden haber hablado incluso del estoicismo como paganismo, existen muchas similitudes y ambas ideologías se basan en el mismo tipo de pensamientos y virtudes. Más adelante, exploraremos esto con más detalle, pero debe saber que estas dos filosofías comparten algunas similitudes sorprendentes, lo que las hace perfectas para juntarlas y para ayudar a una persona a vivir una vida virtuosa.

Uso Moderno de la Palabra Estoicismo y sus Pensamientos

Incluso en nuestros tiempos modernos, es posible utilizar el estoicismo para hacer nuestras vidas más fáciles. Si bien la versión moderna de la palabra estoicismo ha cambiado bastante, y ahora significa alguien que tiene una indiferencia hacia la alegría, la pena, el placer o el dolor, no es así como utilizaría esa palabra para hacer que su vida sea un poco mejor.

En realidad, puede tomar las ideas del estoicismo y usarlas para mejorar su vida. Si bien muchas personas tienen una idea errónea sobre de qué trata el estoicismo y cómo pueden usarlo en sus propias vidas, esto puede ayudarlo a tener un mayor control sobre las emociones y las situaciones en las que se encuentra en este momento. Una persona estoica no es alguien que no tiene ningún sentimiento. Ellos tienen sentimientos y sí les importa lo que les está sucediendo a otras personas. La diferencia es que deciden cuándo dar a notar una emoción y cuándo esconderla porque no se ajusta a sus necesidades.

¿Cuántas veces en su vida se ha metido en una pelea con alguien más, o se ha enojado con alguien por algo pequeño? Puede haber sido una pequeña escaramuza, nada que fuera un gran problema, pero debido a que las emociones empezaron a salir y a controlarlo, las cosas se intensificaron rápidamente y antes de que lo supiera, ambos hacían y decían cosas que no querían decir y por las que se sentían mal después.

En el estoicismo, es menos probable que ocurra este tipo de situación. Usted llega a ser el que está a cargo de sus emociones. Esto no quiere decir que no tenga emociones en absoluto, sino que más bien se trata de aprender a controlar las emociones que tiene para mejorar su vida.

La próxima vez que esté en una de estas peleas, y comience a sentir ira, puede retroceder un paso. ¿Es realmente tan mala la situación que esta viviendo para comenzar a reaccionar exageradamente y enojarse? Seguro que puede haber dicho algo que fue un poco malo, pero ¿es realmente un gran problema y va a meterse en problemas todo el día? ¿Podría encontrar otra manera de lidiar con esa situación, una forma en que no resulte en una gran pelea, sentimientos heridos y muchos arrepentimientos cuando la ira finalmente haya desaparecido? Aquí es donde entra en juego el estoicismo. Seguirá sintiendo las mismas emociones que antes, pero podrá controlar la emoción en lugar de dejar que las emociones controlen todas estas situaciones diferentes en su propia vida. Y esto puede hacer mucho por usted cuando se trata de vivir en el mundo moderno.

Cuando sigue el estoicismo y obtiene el control sobre las cosas sobre las que tienes cierto control, como sus emociones, y deja ir las cosas sobre las que no puede hacer nada, está trabajando lentamente para mejorar su vida en general. Obtiene el beneficio de estar en relaciones más fuertes y mejores. Obtiene el beneficio de no dejar que las tantas cosas de nuestro mundo moderno lo estresen. Obtiene el beneficio de ser más feliz y disfrutar de su vida mucho más de lo que lo hizo en el pasado. Hay tantos beneficios que se obtienen al agregar el estoicismo a su vida, incluso en nuestro mundo moderno.

Parte 1: Disciplinando Nuestros Propios Deseos: Comprender Qué Necesitamos y Qué Queremos.

Capítulo 2: Aprendiendo lo que Podemos Controlar

Uno de los aspectos principales en los que debe trabajar cuando esté listo para comenzar con el estoicismo es aprender lo que puede controlar y dejar de lado cualquier cosa que no pueda controlar. Muchos de los problemas con los que se encuentra en la vida provienen del hecho de que cree que puede controlar todo y luego se enoja por el hecho de que las cosas no salen como usted quería.

Siempre hay cosas en la vida que no podemos controlar. No podemos controlar cómo va a reaccionar la gente. No podemos controlar si alguien va a obtener una promoción por encima de nosotros. No podemos controlar cómo estará el tráfico, cómo se comportará el clima ese día y muchas otras cosas más. Dejar que sus emociones tomen el control cuando suceden estas cosas puede llevarlo al desastre.

¿Cuántas veces ha ocurrido algo en su vida y luego ha perdido la calma? ¿Explotó y le dijo cosas a alguien de las que más tarde se arrepentió? ¿Sintió que su ira comenzó a hervir porque no podía controlar una situación que ocurría a su alrededor? Una vez que la ira, la frustración, la tristeza o cualquier otra emoción empezaron a surgir, descubrió que solo iba a empeorar y que haría lo que sea a lo que la emoción lo haya llevado.

El problema aquí es que, si bien no puede controlar la situación que provocó la emoción negativa, puede controlar la emoción en sí. Sí, habrá momentos en que las emociones negativas salgan después de una situación. Incluso como un estoico vas a tener ese tipo de emociones en algún momento. Simplemente no hay forma de evitar esto. Pero el que permita o no que las emociones salgan y se muestren a sí mismas; todo está completamente bajo su control.

Digamos que alguien le dice algo malo. Empieza a sentirse enojado. Como un no-estoico, deja salir la ira. Se siente insultado y no puede creer que alguien sea tan malo con usted. Puede comenzar a gritarles, e incluso golpearlos hasta que la rabieta se salga de control y haga y diga cosas que no quiso decir y de las que se avergonzará más adelante. En este escenario, sus emociones lo han controlado y lograr que se calmen puede ser casi imposible.

Como estoico, manejaría esta situación de una manera ligeramente diferente. No puede controlar que la otra persona le haya dicho cosas malas. Pero puede controlar cómo reaccionar. Cuando la ira comienza a aparecer, puede dar un paso atrás y pensar en ello. ¿Esa persona realmente dijo algo tan malo? ¿La situación realmente justifica que se enoje y reaccione de manera exagerada, o podría simplemente alejarse y continuar con su día? ¿Tiene ganas de poner tanta energía en ello en absoluto? Incluso si lo que dijo la otra persona fue realmente cruel e hiriente, puede ser que estuvieran teniendo un mal día, y si se enojas y pierde, la situación empeorará.

Puede ver las diferencias entre las dos situaciones. En uno, pierde la calma y hace y dice muchas cosas de las que no está tan orgulloso. Pero en la segunda situación, usted pudo entender de dónde venía la otra persona, y pudo elegir alejarse. ¿Qué método cree que le ayudará a ser más feliz y a tener relaciones más significativas en su vida?

Hay momentos en que puede dejar salir esas emociones. No tiene que estar sin emociones para ser un estoico. La diferencia es que puede controlar la cantidad de emociones que realmente salen y juegan un papel importante en su día. Si observa la situación y decide que la emoción está justificada en ese caso, entonces está bien dejarla salir. Pero la diferencia es que puede tener el control de la emoción, en lugar de dejar que la emoción lo controle.

Dejar de Lado el Control en Nuestras Vidas

¿Cuántas veces en su vida tiene que lidiar con la ira o la ansiedad? Incluso si no es algo que se haya diagnosticado como un problema en su vida, todavía es algo con lo que muchas personas se enfrentan a diario. Están ansiosos cuando las cosas van en contra de su plan, se ponen ansiosos cuando se encuentran en una situación que no pueden controlar, y cuando esta ansiedad comienza a aparecer, se sienten enojados al mismo tiempo.

A menudo, nuestra ira y nuestra frustración provendrán del hecho de que pensamos que debemos estar en control de todo. Y cuando naturalmente no somos capaces de cambiar las circunstancias y no podemos cambiar lo que sucede a nuestro alrededor, naturalmente empezamos a sentir un montón de emociones negativas a nuestro alrededor, como sentirnos abrumados o tristes, frustrados y ansiosos.

Siempre habrá cosas que no podemos controlar. Y no importa cuánto intentemos controlar esas cosas, van a suceder de cierta manera. Dejar de lado ese control y dejar que sucedan las cosas, y aprender lo que realmente puede controlar en su vida es la clave para asegurarse de vivir una vida feliz.

Hay tres cosas que debemos saber cuando se trata de tratar de controlar las cosas. Primero, nos gusta tratar de controlar las cosas principalmente porque pensamos que podría suceder en esa situación si no lo hacemos. Tenemos miedo de no estar en control. Si no planificamos las cosas y trabajamos para controlar una situación, ¿qué podría terminar sucediendo? El miedo a lo desconocido nos obliga a tratar de controlar cosas que realmente no podemos.

Otro problema con el control es que es el resultado de estar vinculado a un determinado resultado. Este resultado es a menudo uno que creemos que es el mejor para nosotros. Pero esto supone que siempre sabemos lo que es mejor para nosotros, aunque no lo sepamos. Cuando nos tomamos el tiempo para aprender que estaremos bien, sin importar lo que suceda durante esa situación, aprendemos que no es necesario administrar el universo. Descubrimos cómo dejar ir las cosas. Y tan pronto como aprende a dejar ir las cosas, abre la puerta a un montón de grandes posibilidades, muchas de las cuales no estaban allí cuando estaba demasiado concentrado en manejar y controlar las situaciones a su alrededor.

También descubrirá que la energía que pone en rendirse y no preocuparse por controlar todo puede lograr mucho más que la energía que pone en control. La energía para el control será un poco diferente para todos, pero para muchas personas, puede incluir que la visión se reduzca y se centre, que la respiración se vuelva más superficial, que la adrenalina comience a bombear más y que la velocidad de la respiración disminuya y aumenta los latidos del corazón.

Entonces la mente comienza a moverse muy rápidamente, yendo de un tema a otro, yendo del pasado al futuro. Es difícil concentrarse durante este tiempo porque nuestras mentes se mueven muy rápido. También hay problemas con la mala memoria y no hay mucha conciencia del tiempo presente en este individuo.

Pero las cosas son un poco diferentes cuando se trata del modo de rendición. Durante este tipo de modo, es más fácil estar tranquilo y en paz. Respirar profundamente es más fácil y podrá ver lo que está sucediendo en el momento presente. Su visión se extenderá más alrededor para que pueda ver una imagen más grande y mucho más allá. Usted puede ver por qué es mucho mejor tener energía para rendirse en lugar de energía para controlar.

Y es por eso que es tan importante aprender el arte de rendirse. Rendirse, literalmente, significa que abandona la lucha. Se detiene en la lucha contra usted mismo. Se para en la lucha contra el flujo natural del universo y se detiene en la lucha contra la realidad. Rendirse equivale a la aceptación completa de lo que va a suceder, o lo que ya está allí, se agrega con la fe de que todo va a estar bien incluso sin que mi propia aportación llegue a jugar un papel.

Por supuesto, esto no siempre se trata de la inacción. Se trata más de tomar las acciones correctas desde un lugar de entrega de energía. Por ejemplo, cuando empieza a ver que está en modo de control, detengase y piense en si mismo como un pequeño bote que está tratando de ir río arriba contra la corriente. Esto termina siendo una pelea realmente dura si el pequeño bote intenta ir río arriba. Pero esto es lo que estamos haciendo cuando continuamos intentando y controlando lo que está sucediendo a nuestro alrededor.

Ahora, visualize cómo sería estar en modo rendición. Imagine que el bote se dio la vuelta, y simplemente está flotando río abajo, y solo tiene que soltar los remos. Lo está arrastrando suavemente, no es necesario que haga ningún esfuerzo. ¿No es este un tipo de escenario mucho más fácil, que le permite relajarse y disfrutar de lo que está sucediendo en la vida, en lugar de trabajar duro y sentirse agotado al final?

Habrá momentos en los que sea difícil hacer ese cambio, pasando del control a la rendición. Sabemos que es una idea mucho mejor para nosotros, pero a menudo nos cuesta hacer los cambios. Algunas de las cosas que debe preguntarse para ver si hacen el proceso un poco más fácil incluyen:

¿Qué Puede Suceder si Decido Abandonar el Control?

A menudo, decidimos aferrarnos al control y nos negamos a dejarlo ir porque tenemos miedo de lo que sucedería si dejamos de lado parte del control en nuestras vidas. Tomándose el tiempo para identificar nuestro miedo real, puede cuestionar la validez de ese miedo. ¿Es verdad? ¿Ese peor escenario realmente va a suceder si no mantenemos el control?

Por ejemplo, digamos que le preocupa que la noche termine y todo se arruine si su novio no recoge la berenjena en el camino a casa desde el trabajo, y ya se ha tomado el tiempo para recordarle un montón de veces de hacerlo, es hora de parar y cuestionar ese supuesto. ¿De verdad va a arruinar su noche porque dejaron un vegetal en la tienda? E incluso si está arruinado por su definición, ¿qué es realmente lo tan importante al respecto?

A menudo, las cosas que dejamos que nos afecten no son tan importantes. Si su novio olvida la berenjena, simplemente prepare el plato sin ella, elija un plato diferente para hacer, o considere salir y pasar una noche divertida juntos. Hacer que las cosas se conviertan en el peor de los casos, cuando realmente no deberían serlo, es solo hacerse sentir miserable en el proceso.

¿Que cosas le Conciernen?

Las cosas que le conciernen son las cosas en las que puede tener una influencia directa. ¿Está ahí o se está metiendo en cosas de otra persona que no le conciernen? A menudo, cuando descubrimos que estamos tratando de controlar cosas que están fuera de nuestro alcance, las cosas no van tan bien como nos gustaría. Otros reaccionan de manera negativa y se enojan.

No necesita preocuparse por cosas de otras personas. Déjelos manejar su propio negocio. Esto puede ayudarlo a reducir la cantidad de estrés con el que está lidiando y puede ayudarlo a fortalecer más sus relaciones porque las personas no sentirán que se está entrometiendo tanto.

¿Me gustaría Sentir Como si Estuviera Ganando Libertad?

Esto es algo que la mayoría de nosotros ni siquiera vamos a considerar cuando estamos tratando con diferentes cosas en nuestras vidas. Asumimos que tenemos que mantener el control sobre todo. Si no lo hacemos, sentimos que las cosas se van a desmoronar. Pero realmente, ¿cómo se sentiría si pudiera soltar una sola cosa de esa gran lista suya? ¿Esto lo llevaría a pasar más tiempo con su familia? ¿Aliviaría algo del estrés que siente a diario? ¿Qué significaría ese tipo de libertad para usted?

¿Cómo Acepto las Cosas como Son?

Hay varias maneras de asegurarse de aprender a aceptar las cosas que puede controlar y dejar de lado las cosas que no puede controlar. Éstas incluyen:

- Aprenda a involucrarse plenamente en las cosas que hace. Cualquiera que sea la tarea que esté haciendo en este momento, ponga todo su pensamiento y esfuerzo en ello. Esto le ayudará a centrarse y puede mantener todos esos pensamientos negativos, e incluso escandalosos, lejos de su mente. Esto puede hacer que se mantenga positivo y le vaya bien en general.
- Aprenda a no controlar todo lo que le rodea. No importa cuánto intente, usted no es el que controla todo. Esto es difícil de aceptar para algunas personas, pero cuanto antes lo haga, antes podrá disfrutar de la verdadera felicidad. Lo único de lo que puede tener el control son sus propias acciones y pensamientos, y el resto, solo tiene que dejarlo ir.
- Mire el panorama general: cuando se enfoca demasiado en una situación, es difícil pensar las cosas y mirar el panorama general. Cuando se

encuentre en una situación, pregúntese si algo de esto realmente importará en el futuro. La mayoría de las cosas no le importarán en un mes o en un año, así que, ¿por qué dejar que lo molesten tanto ahora?

- Siempre sea amable con los demás: por supuesto, ser amable consigo mismo también entra en esto. A veces, muchas de las cosas negativas que arrojamos hacia el mundo son causadas por nuestras propias inseguridades y no por algo que los demás nos están haciendo. Aprender a tratarnos a nosotros mismos de la manera correcta, así como a ser amables con los demás, puede marcar la diferencia en su vida.
- Acepte las cosas que le rodean: en esto es importante aprender a aceptar a los demás, a aceptarse a sí mismo, y aceptar que la única manera verdadera en que podemos dejar una huella en el mundo es cuando aprendemos cómo impactar, así como a cambiar la vida de los demás para mejor. Aprender a aceptar quiénes somos y no juzgar a los demás puede realmente llevar a más felicidad y menos pensamientos negativos.

Hay algunas cosas en la vida que podemos controlar. Pero hay muchas más cosas en nuestras vidas de las que realmente no tenemos ningún control. Comprender lo que cae en cada categoría puede ayudarlo a aprender cómo agregar más felicidad a su vida. A veces, la mejor manera de vivir nuestra mejor vida es dejar de lado las cosas que no podemos controlar y no preocuparnos por ellas. Si bien esto puede ser difícil, ofrece mucha libertad en general.

Esta es probablemente una de las partes más difíciles de implementar el estoicismo en su vida. Es difícil dejar de lado nuestro control sobre las cosas. Pero a menudo, en realidad no tenemos mucho control sobre las cosas. Nos hemos engañado a nosotros mismos haciéndonos creer que tenemos el control, y luego nos frustramos cuando en realidad no tenemos ese control.

En lugar de dejar que nuestras emociones se interpongan en el camino y hacernos infelices y dejar que esas emociones se interpongan en el camino de nuestra felicidad, es hora de aprender cómo simplemente dejarlo ir. Hará mucho bien para todos, pero especialmente para usted. Puede ser difícil, pero los principios del estoicismo ayudarán a que esto se convierta en una realidad en todo momento.

Capítulo 3: Cómo Vivir de Una Manera en que se Encuentre de Acuerdo con la Naturaleza

Parte de trabajar en una vida virtuosa como estoico es asegurarse de que vive de acuerdo con la naturaleza. Al igual que la mano es una parte del brazo y esa es una parte del cuerpo, somos parte de toda la sociedad y necesitamos poder vivir nuestro rol. Muchas veces, nuestra sociedad moderna funciona de manera opuesta a esta idea. Piensa que necesita consumir más y solo vivir para sus propios deseos y necesidades, sin tener en cuenta a nadie más. Sin embargo, con el estoicismo, esta idea necesita ser cambiada un poco.

Cuando se trata de la idea de vivir de acuerdo con la naturaleza, hay algunas cosas que van a venir a la mente. Primero, significa que necesita vivir en armonía con el entorno que lo rodea. También significa que debe vivir en armonía con su comunidad, con sus propios medios y con sus habilidades. Echemos un vistazo a cada uno de estos puntos y cómo van a trabajar juntos para ayudarlo a vivir de una manera que se encuentre de acuerdo con la naturaleza y le ayude a ser un estoico.

Armonía con el Medio Ambiente.

El primer lugar en nuestra vida donde necesitamos tener algo de armonía es el medio ambiente. El entorno del que estamos hablando aquí, incluirá los entornos social y físico. Debe tratar de vivir en armonía y mantener el equilibrio, en estos entornos tanto como sea posible. También debe ser respetuoso y bueno con la naturaleza tanto como sea posible.

Un buen ejemplo para mirar cuando se trabaja en esto es la idea de acampar. Cuando esté trabajando e interactuando con el medio ambiente, piense en él como un lugar para acampar cuando esté de viaje. Debe asegurarse de que cuando abandone la zona, el camping se encuentre en mejores condiciones en comparación con lo que era cuando llegó allí. Sus entornos ambientales y sociales deben dejarse siempre en mejores condiciones que cuando llegó por primera vez para vivir en armonía con los diferentes entornos que ocurren en su vida.

Armonía con la Comunidad.

Cuando se trata de tener armonía con su comunidad, es importante que se adapte lo más que pueda sin comprometer sus propios valores. Una parte de ser feliz es tener algún tipo de compromiso con su comunidad. Cuando haga esto, habrá menos fricción si es capaz de mantener buenas relaciones con quienes lo rodean.

Como un estoico, aprenderá cómo mantener estas relaciones saludables. Será respetuoso con los que lo rodean. Comprenderá que cada persona es un poco diferente y que cada persona tiene derecho a comportarse como lo desea. Es mejor no juzgar a los demás. No necesariamente sabe por lo que están pasando, y sus juicios pueden obstaculizar algunas relaciones sólidas con estas personas.

Armonía con sus Medios

Como estoico, es importante vivir dentro de sus posibilidades. No se deje endeudar para intentar aumentar su calidad de vida o disfrutar de muchos lujos que no puede pagar. Es mucho mejor para usted concentrarse en mejorar la situación y controlar sus gastos lo más posible. Finalmente, con un poco de trabajo duro y dedicación, descubrirá que puede hacer que su dinero trabaje para usted, e incluso puede tener más de lo que necesita al final.

No importa cuánto dinero gane, si aprende a vivir dentro de sus posibilidades, tendrá mucho más de lo que imagina. Podrá pagar sus facturas, saldar sus deudas y mucho más. Y si trabaja para dedicarse a las cosas que son realmente importantes para usted, en lugar de solo para la basura, tendrá una vida plena sin tener que preocuparse por ganar mucho más dinero.

Tiene que elegir cómo agregar más armonía con sus medios. Esto podría incluir el pago de sus facturas. Puede incluir averiguar dónde puede reducir las cosas de su presupuesto. Puede incluir comenzar un nuevo presupuesto y ver cómo eso puede ayudarlo a controlar su dinero. Pero no importa de qué manera lo haga, debe asegurarse de que usted es quien tiene el control sobre cualquier dinero que gane y que gaste.

Armonía con sus Habilidades

Es normal que la mayoría de las personas se analicen a sí mismas ocasionalmente para determinar sus habilidades o sus talentos, y luego trabajar para desarrollar las habilidades que son necesarias para respaldarlas. Cada persona tiene su propia habilidad natural. Algunas personas son buenas en los campos visuales. Algunos son buenos en matemáticas y ciencias. Algunos pueden hacerlo bien con el atletismo y otros pueden escribir o coser, o hacer excelentes recetas en general. Cada uno de nosotros es único y tendrá nuestras propias habilidades naturales en comparación con los demás que nos rodean.

Una cosa que debe considerar con esto es que es importante separar sus habilidades de sus cualidades. Las habilidades son cosas que se pueden aprender, mientras que las cualidades tienen más que ver con las cosas con las que naciste; sin embargo, esto es una gran cosa para considerar. Incluso si no nació con la habilidad de hacer algunas cosas, puede tener fácilmente el tiempo para aprender las habilidades para hacer esas cosas, si se lo propone.

La habilidad natural y el talento que lo acompaña pueden ser un indicio de algún gran plan o algo del destino, o simplemente podría ser una coincidencia en su vida. Pero aprender a aceptar las habilidades que se le dan bien, y abrazarlas y usarlas de una manera que ayude a los demás, puede ser la clave para la verdadera felicidad. Muchas veces estamos enojados porque no tenemos otras habilidades o porque pensamos que nuestras habilidades simplemente no valen nuestro tiempo. Aceptar sus propias habilidades y aprender a usarlas puede hacer una diferencia en su vida y puede hacerlo dejar muchos conflictos al mismo tiempo.

Capítulo 4: Posesiones Materiales y Cómo las Manejamos con el Estoicismo

En este capítulo, vamos a echar un vistazo a cómo el estoicismo ve las posesiones materiales y si hay un límite en el número de posesiones que puede tener mientras es considerado un estoico al mismo tiempo. Este capítulo se tomará un tiempo en explorar este tema un poco más y hablar sobre cómo las posesiones están bien con la ideología del estoicismo, siempre y cuando se utilicen de una manera que le brinde mucha felicidad.

Las Cosas Externas no lo van a Conducir hacia la Felicidad

Nuestra sociedad moderna a menudo va en dirección opuesta al estoicismo. El mundo moderno siempre habla sobre cómo obtener más riqueza y más cosas, y cómo seguir acumulando todas esas posesiones materiales que solo ocupan más espacio en nuestros hogares. Sin embargo, con la idea del estoicismo, empieza a aprender que la riqueza y la fama no podrán curar todos sus problemas, y estas dos cosas no le ayudarán a sentirse feliz.La verdadera bondad en la vida no se encuentra a través de la riqueza, pero si se encuentra a través de la autodisciplina, el valor, la justicia e incluso de la sabiduría.

Es más sobre las acciones que lo hacen feliz. Lo realmente bueno es simple, y sus necesidades reales serán bastante pequeñas y bastante baratas. Si bien es bueno tener algunas posesiones materiales y un poco de riqueza, estas cosas no van a solucionar ninguno de los problemas internos con los que está lidiando. Por supuesto, esto no significa que tener riqueza automáticamente se llevará al miedo y más problemas. La idea aquí es que si está persiguiendo la riqueza para sentirse más feliz, va a fracasar. Pero hay muchas personas adineradas que también practican con éxito el estoicismo. Todo está en cómo ve el mundo y administra las cosas.

La Mayoría de las Cosas No Valen la Atención que les Dá

La mayoría de las cosas a las que presta atención no valen la pena. No necesita intentar mantenerse al día con todo lo que está sucediendo en el mundo. Con la forma en que se transmiten los medios de comunicación todo el tiempo, no podría mantenerse al día, incluso si lo hubiera intentado. Si bien los medios de comunicación y otros pueden emitir todo lo más importante, la mayoría no vale la pena. Y, de todos modos, tampoco importa mucho si sabemos estas cosas todo el tiempo. Piénselo, si la noticia fuera realmente tan importante, probablemente nos enteraríamos por medio de otra persona.

Lo que esto significa es que la mayoría de los estoicos deciden recortar gran parte de su ingesta de noticias, y muchos de ellos hacen un drástico recorte a su consumo en las redes sociales. Esto les proporciona más tiempo, más energía y más capacidad intelectual para las cosas que encuentran realmente importantes. Puede concentrarse en las cosas y las noticias que son realmente importantes para usted y su familia, y eliminar todo el resto.

Como un estoico, desarrollará un enfoque minimalista para el consumo de medios. Esto puede ser beneficioso porque todos sabemos que no todos los titulares que vemos son realmente tan importantes.El estoico entiende que está bien decir "No sé" o "No me importa" cuando se trata de algunas noticias, en lugar de tratar de mantenerse al día todo el tiempo.

La Cantidad de Cosas que Posee Está Bajo su Control

Como un estoico, llegará a descubrir que la cantidad de elementos que posee está completamente bajo su control. No tiene que salir a comprar todo lo nuevo que aparece en los anuncios y tampoco tiene que intentar mantenerse al día con los Jonases. Usted es el que controla la cantidad de elementos que entran en su hogar.

Una vez que se da cuenta de que tiene este tipo de control, le puede traer mucha libertad. Puede entrar a la tienda y solo comprar los artículos que necesite. Puede decir no a las cosas y alejarse sin sentirse culpable o mal. Tiene que decidir qué entra y qué sale, y esto realmente puede ayudarlo a disfrutar más de las cosas que desea (cuando tiene más dinero por no comprar ciertos artículos y más tiempo libre por no limpiarlos todo el tiempo, puede hacer más de lo que quiera), puede ganar la verdadera libertad y felicidad en su vida.

Las Cosas Materiales Pueden Brindarle una Felicidad Condicional, pero no le Brindan una Verdadera Felicidad

¿A menudo se encuentra añorando algo que no tiene? Esto es algo que es muy típico en nuestra sociedad. Siempre pensamos "nos alegraremos cuando ..." llene el espacio en blanco con la respuesta que tenga allí. Siempre dejamos nuestra felicidad en espera para el futuro, y siempre es condicional. No podemos ser felices en este momento porque solo podemos ser felices si o cuando sucede algo más.

Los estoicos sabían de este tipo de anhelo, siempre quieren más y mejor; y en el futuro, es un gran enemigo cuando se trata de nuestra libertad y nuestra felicidad. Cuanto más empecemos a desear cosas, y cuanto más tengamos que hacer para adquirir esas cosas, menos disfrutaremos realmente de nuestras vidas. Cuando esto sucede, no estamos viviendo para vivir. Estamos viviendo solo para llegar al futuro, y perdemos muchas de las grandes cosas que tenemos en nuestras vidas en este momento.

Un estoico moderno va a encontrar este anhelo y luego decidirá ignorarlo. Esto no significa que elijan descartarlo y ni siquiera prestarle atención. Ese anhelo sigue ahí para el estoico, pero elige vivir en el momento presente y disfrutar de su vida, en lugar de preocuparse tanto por lo que va a pasar en el futuro.

Las Cosas Esenciales Merecen su Atención

Para esto, comience por preguntarse qué es lo más importante en su vida. Cuando sabemos cuáles son estas cosas desde el principio, es más fácil establecer prioridades y luego concentrarnos en esas cosas importantes. Es posible que tenga una visión nebulosa de lo que considera importante, y esto puede llevar a muchos caminos laterales que no le traen ninguna felicidad. Pero cuando realmente se sienta y piensa en lo que es importante, verá que empieza a traer más de eso a su vida diaria.

Al igual que todos los demás, tiene 24 horas en su día. Usted es el que tiene que decidir cómo le gustaría pasar ese tiempo. Si lo desperdicia en cosas que son superficiales o en cosas que realmente no le interesan, esto puede hacer que se sienta agotado y cansado al final del día. Sí, habrá algunas obligaciones que deberá cumplir cada día, pero es mejor si puede mantenerlos al mínimo tanto como sea posible. Luego, con el resto de su tiempo, puede concentrarse en las cosas que considera realmente importantes.

Las Posesiones Materiales no son Malas, Solo Necesita Ver a Través de Ellas

Cuando es un estoico, está bien tener posesiones materiales. Los estoicos no viven bajo puentes y no poseen nada. El problema no es necesariamente las posesiones materiales que posee, sino cómo las usa. Aprender a usarlas de la manera adecuada y ser inteligente con los elementos que tiene, es la mayor diferencia entre cómo un estoico maneja sus cosas y cómo otras personas lo harán.

Si está comprando artículos solo para mantenerse al día con los demás y para mantenerse al día en el mundo moderno, entonces es el momento de parar. No está utilizando estos elementos para brindarse felicidad, y si está influenciado por los anuncios y otras cosas, entonces lógicamente no está pensando en las compras que está haciendo.

Muchos estoicos encuentran que practicar las ideas del minimalismo puede hacer maravillas para ellos. Esto les ayuda a comenzar a pensar en cada artículo que poseen y en cada artículo que decidan comprar en el futuro. Ellos determinan si ese elemento realmente les da felicidad, si ese elemento es algo que realmente usarían, o si ese elemento realmente tiene algún valor para ellos.

Si un artículo cumple con estos requisitos, entonces el estoico o el minimalista aceptarán conservarlo. Si el artículo no cumple con estos requisitos, entonces se desecha. En el caso de no poseer aún el elemento, si no encuentra valor en él, entonces lo deja en el estante.

Con las posesiones materiales, se trata de descubrir qué valor tienen para usted y qué utilizará realmente. Cuando se convierte en un estoico, no está obligado a deshacerse de todos sus objetos y vivir como un pobre para encontrar la felicidad. Pero sí necesita aprender a elegir los elementos de manera lógica. No se deje influenciar por lo que hay en la televisión, no mire los comerciales y no deje que sus amigos le digan qué comprar. Tiene que pensar en cada compra lógicamente como un estoico para asegurarse de que está tomando las decisiones correctas para su felicidad.

Capítulo 5: ¿Qué es la Inclinación Espiritual de un Estoico?

Cuando se trata del estoicismo, muchos se preguntan si este tipo de ideología alguna vez tuvo un Dios que fue seguido. ¿Los antiguos estoicos creían en un poder superior, o se convirtieron en algunos de los primeros ateos? Existe cierto debate acerca de si un estoico sigue una religión o no, y hay puntos positivos en ambos lados del debate.

Para empezar, el estoicismo es una ideología sobre cómo vivir una vida feliz. Es una forma para que los humanos dejen de lado algunas de las cosas que no pueden controlar y aprendan cómo reinar en algunas de las cosas sobre las que sí tienen control. Realmente no tiene su propia religión asociada, lo que significa que el individuo puede elegir si quiere implementar esto con una religión que ya practica.

Como discutiremos en breve, hay muchas similitudes con las ideas que se encuentran en el estoicismo y en el cristianismo. De hecho, muchas religiones cristianas utilizán muchas de las ideas que vienen del estoicismo para ayudarles a llevar una buena vida. Pero es posible ser un estoico sin seguir una religión establecida e incluso es posible seguir el estoicismo mientras se siguen algunas de las otras religiones que existen.

Esto es parte de la belleza del estoicismo. Nos enseña cómo convertirnos en buenas personas y cómo vivir una vida sencilla y llena de felicidad. Pero está adaptado de una manera que funciona para todos. Esta fue una ideología que comenzó con los antiguos griegos, una que abarcaba a los emperadores, los esclavos y todos los demás. Esta ideología también ha crecido y cambiado a lo largo de la historia, ayudando a formar el cristianismo primitivo e incluso se encuentra en nuestra sociedad moderna.

Por eso, este es un tipo de filosofía que incluye todo. Ya sea que usted sea cristiano, ateo, budista o de alguna otra religión, encontrará cosas que lo identifican cuando se trata de ser estoico. Dicho esto, ahora vamos a echar un vistazo a las similitudes entre el estoicismo y el cristianismo porque estas dos ideas a menudo van de la mano.

Sirviendo a Dios / El Logos

Una de las principales similitudes que puede encontrar entre el estoicismo y el cristianismo es la idea de servir a la voluntad de Dios. Ninguna de estas dos filosofías exige que Dios, o en algunos casos más de un dios, haga su voluntad. Muchos antiguos griegos salían y pedían a los dioses más hijos, una buena cosecha, una buena caza y más. Pero el estoicismo y el cristianismo eran diferentes en que querían que el individuo hiciera la voluntad de Dios. Necesitaba aceptar la voluntad de Dios y tratar de servirlo.

Aquí debemos señalar que los estoicos eran monoteístas. Siguieron a Heráclito en ese momento y creyeron en un Logos. Así es como se compararon por primera vez con el judaísmo primitivo, particularmente el de Moisés alrededor de dos siglos antes. Más tarde los cristianos recurrirían a la idea de Logos, especialmente con el comienzo del Evangelio de San Juan. Algunos incluso argumentan que el estoicismo era más monoteísta en comparación con el cristianismo porque solo había un Logos, sin ángeles, demonios, Trinidad y Enemigo.

¿En qué Está Sirviendo y Qué es lo Más Importante en su Vida en Este Momento?

Otra cosa importante que verá con ambas ideologías es la pregunta sobre qué es lo más importante en su vida y a qué le sirve. ¿Quién es su maestro y su dios? Porque todo en estas dos ideas va a seguir desde allí. Hay una idea similar a la de Platón: si hace la aprobación pública de su Dios, se convertirá en un esclavo del público, y luego es necesario manejarse según su designio.

¿Como funciona esto? Si decide ganar dinero para su dios, entonces tiene que "bailar con esa melodía". Tendrá que doblar y torcer a ese maestro. Y el dinero no es un maestro muy generoso en comparación con el poder superior de Dios. Como estoico o cristiano, es importante averiguar quién es el maestro para usted. Dejar de lado las opiniones públicas sobre usted y trabajar para lograr un propósito superior puede ser la mejor manera de lograrlo.

Antes de comenzar con el cristianismo o con el estoicismo, necesita saber exactamente a quién o a qué está sirviendo. Muchas personas en nuestra sociedad moderna están sirviendo a un maestro que no es Dios, y esto les ha llevado a mucha infelicidad en general. Pueden estar sirviendo a otros, sirviendo al dinero y la codicia, o sirviendo a otra cosa. Cuando vuelven a centrarse en servir a Dios, o una deidad que es similar a Dios, encuentran mucho más propósito en sus vidas, mucha más libertad a lo largo de sus vidas y también mucha más felicidad.

Sirva en Silencio, No es un Espectáculo Externo para Otros

Tanto el cristianismo como el estoicismo siguen la idea de no representar la adoración ostentosa de Dios. Cuando hace esto, puede enfocar su energía en presumir más para otras personas, en lugar de hacer la adoración. Y esto puede mancharlo un poco. Muchos textos cristianos hablan sobre la oración y el ayuno en silencio, para que pueda obtener la atención de Dios, sin preocuparse por obtener atención de los hombres.

Además, los estoicos sentían lo mismo. Según Epicteto, "cuando tenga sed, tome un poco de agua en la boca, escúpala y no se lo diga a nadie". Esto conlleva la misma idea de servir a su Dios o a su maestro en silencio. Esto no significa que no pueda compartir las noticias con otras personas interesadas en aprender, pero sí significa que no debe tratar de presumir e impresionar a otros con lo que está haciendo. Esto elimina la sinceridad de la acción y puede significar que ni siquiera lo haga.

Askesis

Los primeros cristianos también seguirían la idea de los estoicos, donde la vida espiritual involucraría algunas partes diferentes. Necesitaría tener algo de entrenamiento de la mente, algo de entrenamiento de las pasiones y algo de entrenamiento del cuerpo. De hecho, los padres del desierto utilizaron estas ideas para idear un programa realmente riguroso de autodisciplina mental y física.

En muchas partes del cristianismo ortodoxo, este tipo de idea todavía está muy presente. Pero hay algunas formas de cristianismo que parecen haber arrojado este tipo de idea, como en el evangelismo moderno. Parece que estos grupos se han alejado de entrenar las pasiones, entrenar la mente y entrenar el cuerpo a favor de ser ruidosos y tener declaraciones levemente insulsas sobre cuánto aman a Jesús.

En general, la mayoría de los cristianos siguen la idea de los estoicos en cuanto a que necesitan entrenar su mente, cuerpo y pasiones para ver los resultados sirviendo a su maestro y mejorando su felicidad general. Parece que hay algunos grupos que no están tan de acuerdo con esto dentro del grupo cristiano, pero la mayoría de ellos seguirá esta idea más antigua que proviene de los estoicos.

Servir a la Ciudad de Dios Antes de Servir a la Ciudad del Hombre

Los primeros cristianos también han seguido la idea de Cosmópolis de los estoicos. La Cosmópolis es la Ciudad de Dios, y es la idea de que todas las personas buenas deben tratar de servir primero a la Ciudad de Dios y luego pueden servir a su propia tribu o área en segundo lugar. Esta es realmente una idea radical, tanto cuando comenzó como hoy, porque rompe muchas de las barreras raciales y tribales que los humanos han puesto en práctica e insiste en que cada persona en el mundo comparte una naturaleza divina. Si se siguiera bien, nos llevaría a llevarnos mejor juntos, en lugar de poner todas las divisiones una contra la otra.

Si bien las ideas del estoicismo pueden funcionar para todos, independientemente del tipo de religión que les guste seguir, tiene muchas similitudes con lo que encontramos en el cristianismo antiguo y moderno. Existe la idea de un dios o una deidad. Existe la idea de entrenar tu mente, cuerpo y pasiones para que se comporten de cierta manera. Incluso hay ideas que necesita para orar o practicar en privado, en lugar de hacerlo en público, y debe servir a la ciudad de Dios antes de preocuparse por su propia pequeña tribu.

Ciertamente hay algunas diferencias entre el estoicismo y el cristianismo, por lo que estas dos ideas no se han agrupado en un solo grupo. Pero las similitudes son bastante sorprendentes y no es de extrañar que muchas religiones cristianas, así como muchos cristianos, implementen los principios estoicos en sus vidas para ayudarles a vivir una vida que se alinee más con sus creencias.

Parte 2: ¿Cómo se Comportan los Estoicos en el Mundo?

Capítulo 6: La Importancia de la Virtud y el Carácter.

Los estoicos decidieron adoptar la clasificación de Sócrates de cuatro aspectos de la virtud, que consideraban como cuatro rasgos de carácter estrechamente interrelacionados. Estos incluían sabiduría, coraje, templanza y justicia. Para empezar es la sabiduría. Esta sabiduría práctica nos permitirá tomar decisiones, aquellas que van a mejorar nuestra buena vida ética. El coraje tiene la opción de ser físico, pero se refiere más ampliamente al aspecto moral o al coraje de actuar bien, incluso cuando está en una circunstancia que es desafiante.

La siguiente es la templanza, esto es lo que nos permitirá controlar nuestras acciones y nuestros deseos, lo que garantiza que no vamos a ceder a los excesos en la vida. Además, la justicia se referirá no a la idea abstracta de cómo debe hacerse cada sociedad, sino que se trata más bien de una práctica de individuos que tratan a los demás con justicia y dignidad.

Una parte importante de la idea de virtud es que las diferentes virtudes deben ser practicadas juntas. No puedes tener uno sin el otro. No puedes ser intemperante y valiente al mismo tiempo porque van en contra y simplemente no funcionaría. Aunque tiene sentido para nosotros decir que alguien pudo mostrar mucho coraje cuando estaba en la batalla, pero luego llegan a casa y beben en exceso o tienen mal genio, los estoicos no considerarían a este tipo de persona como virtuoso. En opinión de un estoico, la virtud es una ideología de todo o nada. O bien son todas las virtudes, o no son ninguna de las virtudes.

De acuerdo con un estudio realizado en el que se comparó cómo se articulan las virtudes entre el taoísmo, el judaísmo, el hinduismo, el confucianismo, el cristianismo, el budismo y la filosofía ateniense, se descubrió que había seis virtudes fundamentales que se compartían en gran medida entre todos estos diferentes mundos. Estas seis virtudes minerales incluyen:

- Coraje: esto se consideró una fuerza emocional que implicaba el ejercicio de la voluntad para lograr tener éxito con los objetivos, incluso si existiera algún tipo de oposición. Esto podía incluir cosas como la autenticidad, la perseverancia y la valentía.
- Justicia: Esto incluiría fortalezas cívicas que serían la base de una vida saludable para la comunidad. Es posible que vea incluidos allí cosas como el trabajo en equipo, la ciudadanía, el liderazgo y la equidad.
- Humanidad: Esto incluiría muchas fortalezas interpersonales que involucran cuidar y hacer amistad

con otras personas a su alrededor. Incluiría opciones como amabilidad y amor.
- Templanza: Esto incluiría cualquier fortaleza que funcione para protegerlo contra el exceso. Incluiría características como el autocontrol, la prudencia, la humildad y el perdón.
- Sabiduría: Esto incluiría cualquier fortaleza cognitiva, que tuviera el individuo, que lo ayudaría a adquirir y usar el conocimiento de manera beneficiosa. Algunos ejemplos de esto incluirían una perspectiva para que puedan brindar un buen consejo a otros, juicio, curiosidad y creatividad.
- Trascendencia: esta sería cualquier fortaleza que pueda forjar conexiones con el universo más grande y pueda proporcionar más significado para el individuo. Esto puede incluir cosas como la espiritualidad, la esperanza y la gratitud.

Como puede ver, cuatro de estos seis serán exactamente los mismos que habíamos hablado con el estoicismo. Los estoicos también aceptaron la idea de la trascendencia y la humanidad, pero no los consideraron como virtudes. En su lugar, se vieron más como actitudes hacia los demás y actitudes hacia el universo en su conjunto. Estas ideas están ahí, simplemente no se ven, necesariamente, de la misma manera que algunas de las otras religiones. Tenían buenas actitudes y el estoicismo no intentaba desacreditarlos en absoluto. Pero los vieron de una manera diferente a como lo hicieron algunas de las otras religiones primitivas. Sin embargo, es sorprendente que estas virtudes se mantengan cerca de tantos tipos diferentes de religiones, que se encuentran en todas las diferentes áreas del mundo.

Volviendo a las virtudes, lo importante aquí no es que el estoicismo parece haberlo hecho bien, mientras que otras religiones y tradiciones no lo hicieron. Más bien, es el hecho de que las sociedades humanas han pasado y desarrollado filosofías para seguir en la vida, y cada una de ellas ha podido, de forma independiente, elaborar una lista que es muy similar cuando enumera sus virtudes. Puede haber un debate completo sobre por qué sucede esto y cómo podría ser algo profundamente arraigado en nosotros mismos que nos haga saber que esas son virtudes importantes.

En los tiempos modernos, es difícil tener una discusión acerca del personaje. Se ha convertido en un gran juego político. Los conservadores a menudo quieren recuperar el carácter en las escuelas, la familia e incluso en todo el país. Y luego los liberales pasan y rechazan este tipo de conversación porque piensan que es solo una manera de mantener en su lugar el privilegio y el patriarcado de los hombres blancos. Esto es desafortunado porque hablar y mantener el carácter no debería ser todo acerca de la política, ya que es una parte tan importante de nuestras vidas.

Epicteto, al igual que otros antiguos, consideraron que esta idea de carácter evolucionaba a lo largo del desarrollo del individuo, y también la consideraba fundamental para nuestra identidad personal. Los estoicos creían que no importa el papel que desempeñe en la sociedad, seguirá teniendo su carácter allí y esa es una parte tan importante de su vida.

Por eso es tan importante para su vida social no solo trabajar para mejorar el carácter que tiene, sino también poder evaluar el carácter de quienes lo rodean. No importa lo que otras personas puedan decirle sobre el carácter de otra persona. Necesita poder discernirlo por usted mismo. A veces otros estarán en lo cierto con su evaluación, pero a veces estarán equivocados. Entonces, mientras trabaja con su propio personaje y trata de que se forme y crezca en usted mismo, asegúrese de que también se toma el tiempo para observar y aprender sobre los personajes de otros.

Para ser justos, puede ser difícil juzgar el carácter de otra persona si no ha podido conocerlo personalmente y cuando no tiene un historial de interacción con ella. Pero dele a la otra persona algo de tiempo antes de que seas rápido en juzgar en contra de ella. Solo porque la primera interacción no fue la mejor, o simplemente porque los demás se apresuran a decirle todo lo que saben sobre el carácter de la otra persona, tómese su tiempo y no sea demasiado rápido para juzgar a alguien que acaba de conocer.

¿Cómo se sentirá si alguien lo juzgara rápidamente? Incluso las personas más virtuosas, las que han seguido la filosofía estoica durante mucho tiempo, tendrán casos en los que tropiezan y caen. ¿Qué pasa si se encuentra con alguien nuevo durante este otoño? ¿Quiere que lo juzguen mal, que piensen mal de usted porque la paso mal? ¿O preferiría que pasaran algunas reuniones para conocerlo, para darle la oportunidad de no tener un mal día, antes de emitir sus juicios? Esta es la forma en que también debe tratar a otras personas para obtener los mejores resultados.

Para ayudarlo a desarrollar un poco mejor su personaje, puede aprender cómo practicar las cuatro virtudes que vienen con el estoicismo. Estos son tan importantes porque todos deben unirse para que lo vean virtuoso a través de los ojos del estoicismo. Esto no es para ser malo, pero requiere algo de trabajo para que los cuatro estén en línea juntos. Perderse uno, o concentrarse solo en uno, puede llevar a una falta de carácter y es visto como algo malo por aquellos que siguen el estoicismo.

Si estaba viendo algunas de estas virtudes diferentes y siente que se queda corto, no se preocupe. Ahora es el momento perfecto para empezar a trabajar en ellos. Puede trabajar en todos ellos a la vez, o comenzar con el que le resulte más difícil. Luego puede agregar lentamente cada uno hasta que todos ellos trabajen en su vida. Un estoico siempre va a trabajar para aumentar sus virtudes y hacer lo correcto. Si se queda un poco corto, pero está trabajando en ellos, estará ganando una vida más virtuosa que antes.

Esto tomará tiempo y llevará mucha práctica. Pero va a traer mucha felicidad a su vida. Encontrará que el mundo moderno intenta ir en contra de usted. El mundo moderno tiene que ver con la gratificación instantánea, con conseguir cosas ahora y hacer cosas que son fáciles y que le brindarán más placer ahora.

Esas pueden parecer grandes ideas en este momento, pero ¿cómo va a funcionar más adelante en la vida? ¿Cuántas veces ha seguido los consejos del mundo moderno y descubrió que estaba triste, deprimido, solo y muchas otras cosas negativas? Cuanto más siga lo que escuchas en nuestro mundo moderno, más miserable serás.

La buena noticia es que al seguir las virtudes del estoicismo para desarrollar su carácter, puedes cambiar las cosas. Va a ser difícil a veces. A veces, es posible que desee ceder. Pero si sigue las virtudes que se describen en el estoicismo, y que describimos un poco antes en esta guía, encontrará que es el mejor camino para llevarlo a la verdadera felicidad en general.

Capítulo 7: ¿Necesito un Modelo a Seguir para Ser un Estoico?

Habrá momentos en su viaje estoico cuando se encuentre con problemas. Puede que se pregunte cómo se supone que debe actuar en una situación determinada. Puede preguntarse si está realizando el proceso de la manera correcta, o tal vez simplemente tenga una pregunta que le gustaría que le respondieran y está esperando que la sabiduría pueda provenir de algún lugar para ayudarlo a saber cómo comportarse.

Cuando los antiguos estoicos se preguntaban qué deberían hacer en una situación, simplemente se hacían la pregunta "¿Qué haría el sabio?" Los estoicos pudieron usar la idea de un sabio, como un hipotético ideal para ayudarlos a contemplar y medirse contra ellos mismos. Puede llamar a este Sabio un modelo a seguir o lo que quiera. Pero está ahí como una manera de ayudarlo a descubrir qué debe hacer a continuación, y puede ser una vara de medir en cualquier momento en que se encuentre atrapado cuando practica estoicismo.

Este sabio estoico va a ser el ser humano perfecto, alguien que es muy virtuoso. Este sabio es una buena persona y vive una vida feliz y fluida. Ella es todo lo que todos los demás estoicos desearían que pudieran ser porque no tiene fallas y nunca parece tropezar debido al mundo moderno. Este sabio será el mejor modelo a seguir cuando se trata de la filosofía estoica, y es por eso que muchos estoicos recurrirán a esta idea para ayudarse ellos mismos.

Los estoicos aspirantes trabajan hacia su propia sabiduría perfecta simplemente contemplando al Sabio. Tratan de pensar cómo reaccionaría el Sabio, qué haría el Sabio. Por supuesto, deben tener en cuenta que llegar a este ideal perfecto será imposible de lograr. Nadie, fuera del Sabio, puede llegar a este nivel. Pero aún así es útil esforzarse por alcanzar este nivel cuando comienza su vida como estoico.

Epicteto, un gran maestro estoico, aconsejó a muchos de sus estudiantes que miraran a Sócrates, alguien que era considerado el más cercano al sabio. "Sócrates se confirmó prestando atención a nada, excepto a la razón, en todo lo que encontró. Y usted, aunque todavía no es un Sócrates, debe vivir como alguien que al menos quiere ser un Sócrates ".

Entonces, si está buscando una versión real del Sabio, alguien a quien realmente pueda admirar y seguir sus enseñanzas, entonces Sócrates puede ser la correcta. Estudiar su vida, mirar a través de sus lecturas y construir su vida para que sea similar a la suya puede ser una

excelente manera de comenzar a construir el estoicismo en
su propia vida.

El Estudio "¿Qué Haría Batman?"

Ahora, vamos a salirnos un poco fuera del tema, pero nos
ayudará a entender mejor al sabio estoico y cómo podemos
usarlo para ayudar a mejorar nuestras propias vidas.

No mucha gente sabe sobre el sabio estoico. Por lo tanto,
vamos a ir un poco más lejos y hablar sobre el sabio como
un superhéroe en la sociedad actual. Hay algunos estudios
que se han hecho donde se les pregunta a los niños: "¿Qué
haría Batman?" Ha habido algunas tendencias interesantes
que aparecen cuando a los niños se les hace este tipo de
preguntas. Sin embargo, estos estudios se encuentran en
una etapa temprana y hay muchas más investigaciones que
deben realizarse. El uso de ellos aquí es más sobre la
diversión y el hecho de que nos ayudan a tener una idea de
cómo puede usar el Sabio Estoico para ayudarse a usted
mismo.

El primer estudio tenía como objetivo ayudar a medir la
influencia del auto distanciamiento en la función ejecutiva
en niños que tenían entre tres y cinco años. En resumen,
esta función ejecutiva que estamos considerando tiene que
ver con qué tan bien alguien puede administrar sus propios

recursos para alcanzar su propio objetivo. Este estudio encontró que una mayor distancia del yo, como a través de la perspectiva de una tercera persona como Batman, terminó mejorando la función ejecutiva en esos niños.

En un segundo estudio, a los niños pequeños se les pidió que se sentaran y realizaran una tarea repetitiva durante diez minutos, mientras que también tenían la opción de tomar descansos y jugar un videojuego. Si solo se les dijera que hicieran esto, fácilmente se rendirían e irían a jugar videojuegos. Pero cuando se les dio la idea de ¿Qué haría Batman? Tenían una mejor actitud para seguir haciendo la tarea repetitiva e intentaban hacerse pasar por la conducta que creen que Batman habría tratado de seguir.

En el tercer estudio, de seis a doce años, donde Batman iba a desempeñar un gran papel nuevamente. En este método, a los niños se les preguntó qué comería Batman. Después de que los niños se hicieron esta pregunta, terminaron eligiendo alimentos más saludables, como elegir rodajas de manzana en lugar de papas fritas en este estudio. Los niños a los que no preguntaron qué comería Batman eran más propensos a escoger las papas fritas.

Como muestran estos tres estudios, cuando llevamos nuestras decisiones a un ideal, o lo que vemos como un ideal, es más probable que nos comportemos en concordancia con ese ideal. Con los estudios anteriores, cuando los niños pensaban en lo que haría el héroe heredero, Batman, era más probable que tomaran mejores decisiones con respecto a la comida, mantenerse ocupados y más. Y los estoicos podrían usar esta misma idea para ayudarlos a tomar las decisiones correctas cuando comparen cualquier acción que quieran emprender con el comportamiento del sabio estoico.

Se cree que el auto distanciarse de la situación o la decisión al adoptar la perspectiva de un paradigma, que puede ser el Sabio estoico, Batman como los estudios utilizados o alguien más que usted cree que vale la pena seguir, puede ayudarlo a mejorar sus elecciones en su vida Podría ser tan simple como eso para ayudarle a convertirse en un verdadero estoico.

¿Cómo Puede Ayudar el Auto Distanciamiento con la Toma de Decisiones?

Cuando pregunta "¿Qué haría Batman?" o cuando pregunta qué haría cualquier otra persona en una situación, se está ayudando a sí mismo a traer un poco de espacio entre la primera impresión que tiene durante una situación y la respuesta que da. Básicamente, esto significa que está trayendo un poco más de conciencia a esa situación.

El primer paso para alcanzar un cambio serio y duradero es ganar conciencia. Sin tener esta conciencia, el cambio es fortuito. Piense sobre esto. Si no tiene conciencia de lo que está sucediendo y de lo que está yendo mal en su vida actual, ¿cómo puede elegir el proceso correcto y los pasos correctos para solucionar este problema? Si no se da cuenta de por qué, dónde, cuándo, cómo y todo lo demás sobre su mayor problema y en qué quiere trabajar, ¿cómo puede evitar ese problema?

Como estoico, tomarse el tiempo para contemplar al sabio se convierte en una forma de distanciarse un poco de la situación. Les ayuda a detenerse mentalmente después de la primera impresión que tienen sobre una situación. Ya que los estoicos quieren controlar sus reacciones, quieren poder elegir las respuestas que envían al mundo. No quieren dejarse atrapar por las primeras impresiones que sienten, sin pensar en la situación de manera lógica.

Debido a esto, debe poder probar todas las impresiones que tiene, y luego aprender a posponer su respuesta a la situación hasta un momento posterior. Por ejemplo, si no quiere jugar un juego con sus hijos, o los niños del vecindario, en ese momento, podría esperar unos segundos para determinar si esa es la primera impresión correcta. Luego se puede preguntar qué haría el sabio estoico en esta situación. A partir de ahí, verá si es mejor para usted jugar con sus hijos durante ese tiempo.

Cuando usas el auto-distanciamiento siguiendo un modelo de rol estoico, se niega a dejarse llevar por esa primera respuesta automática. Averigua cómo comprobarlo primero y decide si es el modo correcto con el que quiere ir. Diciendo "¿Qué haría Batman?" o "Espérame un poco" puede ayudar a que la situación y su reacción se alejen un poco. Recuerde que la impresión es sólo una impresión. Solo porque lo tiene, no significa que la impresión sea correcta. Como un estoico, necesita tomarse el tiempo para verificarlo y verificar su validez primero.

Elija un Modelo a Seguir para su Propia Vida

Ahora que hemos discutido la idea de un sabio estoico, es hora de elegir el sabio que quiera usar en su vida. Puede elegir a quien quiera. Puede ser algún personaje de ficción que sea solo un Sabio, o puede usar a Batman o algún otro héroe en su vida. Necesita mantener a alguien a quien admira constantemente observándolo y revisando constantemente todo lo que haces. Si decide ir con Batman, pase su vida actuando como si Batman lo estuviera mirando. Esto puede traer más conciencia a su vida diaria y asegura que va a ser más deliberado en las acciones que elija.

Esto es algo bueno sobre el estoicismo; obtiene el beneficio de elegir a la persona de la que quiere aprender. No tiene que elegir a una sola persona en absoluto. Puede elegir a Batman, puede elegir a Dios, puede elegir a una persona mítica perfecta. Incluso puede elegir trabajar con otros estoicos como su Sabio. Pero asegúrese de elegir el Sabio, correcto que funcione para usted, y luego, antes de tomar decisiones, pregunte qué haría ese Sabio en esa misma situación. Puede tomar la misma decisión después de preguntar esto como lo haría sin preguntárselo, pero ayuda a garantizar que obtenga un control total sobre la situación.

Cómo lo Pongo Todo Junto

Recuerde que esto no se trata de lo bueno que ya es. Cada persona que comience como un estoico tendrá diferentes niveles de bueno y malo. Pero donde empezamos no es tan importante. Lo importante es que debe tratar de mejorar y mejorarse usted mismo. Para hacer esto, necesita encontrar un modelo a seguir, y necesita ser humilde.

Entonces, durante este tiempo, encuentre un modelo a seguir. Los buenos modelos a seguir serán difíciles de encontrar en la vida real. Es posible que tenga que crear un personaje ficticio, o alguien del pasado, para ayudarlo a comenzar. Pero ese parece ser el camino del mundo. Los modelos de roles negativos se pueden encontrar cuando sale por la puerta, pero los modelos de roles positivos a veces tienen que crearse con nuestra propia imaginación.

Pero una vez que encuentre ese modelo positivo, asegúrese de que siempre esté listo en su mente. Mantenga algo en usted que le ayude a tener en cuenta estos modelos a seguir. Puede guardar una foto de ellos en su billetera, llevar algo en su cuello o en su atuendo que se lo recuerde. Y luego, cuando termina en una especie de encrucijada durante su vida, simplemente puede preguntar qué haría esa persona.

Incluso si esto no le da una respuesta completa y tendrá que resolverlo por su cuenta, esto puede ser una gran cosa para agregar a su día. Descubrirá que el solo hecho de separarse de la situación puede ayudarlo a controlar las emociones y le facilitará elegir la decisión correcta para su propia vida.

Entonces, cada vez que se queda estancado en una situación y no está seguro de a dónde ir, simplemente pregúntese.

- ¿Qué haría Batman?
- ¿Qué haría Jesús?
- ¿Qué haría el sabio estoico?

- ¿Qué haría mi modelo de rol elegido?

Descubrirá rápidamente que tener a alguien a quien admire y que vigile todas las acciones que realice puede ser muy beneficioso. Esto trae mucha más conciencia a su vida actual y le brinda una manera de buscar ayuda en aquellos que considera más sabios entre nosotros. O al menos permita que pase un tiempo entre cualquier impresión que tenga sobre una situación y la acción elegida con la que vaya.

Capítulo 8: Cómo el Estoicismo puede Ayudar a Lidiar con la Enfermedad Mental y la Discapacidad

A veces, la vida no va a ser como nos gustaría. Esperamos poder estar saludables, poder pagar nuestras facturas, envejecer con una hermosa familia y que todo saldrá relativamente bien. Sin embargo, a veces, las cosas parecen estorbar. A veces, tenemos que lidiar con una enfermedad mental, como el autismo, la ansiedad y la depresión, o tenemos que lidiar con una discapacidad, ya sea que sea grave o simplemente hace que sea difícil lidiar con la vida cotidiana. ¿Cómo lidiaría un estoico con estos temas?

Hay dos aspectos principales del estoicismo que pueden entrar en juego aquí. La primera es la insistencia en que echemos un vistazo a las impresiones que tenemos o nuestras primeras reacciones ante lo que el mundo y otras personas nos presentan. Luego observamos esas impresiones y nos damos cuenta de que, en muchos casos, estas impresiones y las situaciones que las originaron no son realmente lo que parecen.

Digamos que alguien se nos acercó y dijo algo que era malo o que hería nuestros sentimientos. Ya sea que percibamos el otro comentario como un insulto, todo dependerá de nosotros. Realmente no importa cuál es la intención de la otra persona. Tal vez quisieron insultarnos, o tal vez no lo hicieron. Pero la interpretación de lo que dijeron depende completamente de nosotros.

Hay algunas maneras diferentes en que puede verlo. ¿Qué pasa si el comentario es realmente cierto? Si es así, ¿cuál es el punto de ofenderse por ello? Si no le gusta que el hecho sea cierto, entonces necesita encontrar formas de mejorarlo en lugar de ofenderse por lo que dice la gente. Pero ¿y si el comentario no es cierto? Luego, la otra persona lo hizo como un comportamiento infantil y solo están hablando de cosas que no son ciertas. Pero, ¿cómo le lastima esto realmente? En todo caso, la otra persona es la que va a perder en esta confrontación.

El segundo aspecto estoico con el que puede trabajar aquí, es la idea de visualización negativa, de la que hemos hablado un poco antes. La idea básica aquí es que debe concentrarse regularmente en el peor de los casos que pueden surgir en cualquier situación, y luego darse cuenta de que esta situación no es probable que suceda y que las cosas no sean tan malas como parecen. Realmente tiene los recursos internos para lidiar con estos. Este ejercicio de visualización para lo negativo puede incluso ser capaz de enfocarse en algo tan mundano como la irritación, e incluso la ira, que siente cuando alguien lo interrumpe en el camino hacia el trabajo. Incluso puede ser más crítico, como ver morir a alguien a quien ama.

En este punto, es posible que se pregunte por qué querría que alguien, mucho menos alguien deprimido o que esté lidiando con otra enfermedad mental, piense en estas cosas negativas o en el peor escenario. La razón de esto es que en realidad hay una observación empírica que hace pensar que esta manera realmente funciona. Si bien suena un poco contradictorio, visualizar estas cosas negativas en realidad puede disminuir nuestro miedo a ellas y puede ayudarnos a prepararnos mentalmente para enfrentar la crisis cuando, y en ocasiones, se produce.

En realidad, hay un lado negativo de este tipo de visualización negativa. Mientras lo hacemos, comenzamos a obtener un sentido renovado de aprecio por todas las veces en que eso malo, o esa situación negativa, no nos sucede. Cuando se imagina quedarse atascado en el tráfico y llegar tarde al trabajo, aprecia un viaje pausado donde casi no hay ningún obstáculo. Cuando pensamos en perder a los que amamos, aprendemos cómo valorar más nuestro tiempo con ellos y tener un mejor momento cuando nos reunimos con ellos.

Ahora, hay muchas formas diferentes de abordar la enfermedad mental en su vida e incluso la discapacidad.

Pero los principios estoicos también pueden entrar en juego aquí. Algunas personas no entienden cómo funciona el estoicismo y asumen que no podrán obtener ayuda para estos problemas a través de la filosofía estoica. Piensan que el estoicismo se trata de ser impasibles y no estar atados a otras cosas. Pero esto no es cierto. Dado que el estoicismo consiste más en ayudar a una persona a controlar mejor sus emociones y a aceptar las cosas que no puede controlar, esto puede ayudar a muchas personas que se enfrentan a problemas como la depresión, la ansiedad y más.

Cómo el Estoicismo Puede Ayudar con la Depresión y la Ansiedad

El primer tema que vamos a discutir aquí es cómo el estoicismo puede ayudar con varias enfermedades mentales. Los dos más comunes de estos que tratan las personas incluyen la depresión y la ansiedad. Ambos trastornos pueden ser difíciles de tratar para el individuo. Algunas veces van juntas, y otras veces son dos cosas separadas que pueden dificultar la vida del individuo. La buena noticia es que el estoicismo puede ayudar con estos dos problemas.

Primero, podemos ver la depresión. Con la depresión, los síntomas pueden tomar muchas formas diferentes, y cada persona que la trata lo experimentará de una manera diferente. Algunas personas pueden parecer tristes y otras no. Algunas personas con esto pueden tener quejas de no poder levantarse y moverse, o sentirse como si estuvieran desmotivados por algo. Pueden encontrar que hacer tareas simples, como vestirse o comer a la hora de comer, pueden convertirse en obstáculos realmente grandes en su vida diaria. En algunos casos, la familia y los amigos pueden incluso notar que existen estos cambios y que quieren ayudar, pero no están seguros de qué hacer.

Cuando suceden estas cosas, puede utilizar el estoicismo para marcar la diferencia. La depresión puede ser causada por muchas cosas diferentes, pero los síntomas a menudo pueden hacer que pequeñas situaciones en la vida parezcan realmente grandes tratos. Esto se remonta a la idea de aprender lo que puede controlar y lo que no puede.

Con la depresión, es posible que se sienta abrumado y que las cosas sean difíciles de manejar. Es posible que no pueda controlar esto, pero puede cambiar la forma en que reacciona. Por ejemplo, en lugar de dejar que ese abrumador sentido lo invada, puede decidir tomar arena y ahuyentarlo. Ahora, con la depresión, esto puede ser más fácil decirlo que hacerlo en muchos casos. Pero comenzar con algo simple, como una sonrisa cuando se siente abrumado, puede cambiar su percepción. Cuando esos sentimientos surgen, puede aprender a respirar profundamente, enfrentarse a una nueva situación que puede hacerlo más feliz o incluso decir algo como "Hoy elijo ser feliz".

Esto lleva algún tiempo. La depresión puede ser un problema grave y con el que muchas personas luchan durante mucho tiempo. Y el estoicismo no está ahí para simplemente decirte que lo superes y sigas adelante. Pero puede estar ahí para ayudarlo a manejar su depresión un poco mejor de lo que podría estar haciendo ahora. Con un cambio en la percepción y la ayuda de su médico y de otras personas en las que confía, puede utilizar el estoicismo y otros métodos para ayudarlo a enfrentar su depresión de manera efectiva.

Ahora podemos pasar a la idea de la ansiedad. La ansiedad va a ser un poco diferente. Muchas personas se sentirán ansiosas por pequeñas cosas en sus vidas, pero las personas que sienten la enfermedad mental de la ansiedad a menudo se pondrán nerviosas y molestas de tal manera que tengan problemas para funcionar. Se preocupan por una situación y lo que sucederá. Esto puede hacer que se congelen y se sientan tan ansiosos y abrumados en esa situación, que no pueden funcionar de manera normal.

Muchas veces esta ansiedad se vuelve tan grave que el paciente decidirá evitar las situaciones que desencadenan la ansiedad. A menudo esto significa grandes cambios en sus vidas. Pueden caminar un cierto camino a casa. Pueden evitar situaciones sociales. Algunos solo aceptarán ciertos trabajos porque se preocupan por la ansiedad. La ansiedad puede convertirse fácilmente en un problema cuando comienza a apoderarse de su vida y le dificulta incluso hacer las cosas que disfruta.

El mayor problema que puede surgir con la ansiedad es el deseo de controlar las cosas, y luego tener problemas cuando descubre que no puede controlarlas. Las personas con ansiedad descubren que hacen lo mejor cuando pueden quedarse en casa o en situaciones donde tienen el control total. Cuando dejan esa área de control, los ataques de pánico y ansiedad comienzan a tomar control.

Cuando utiliza las ideas del estoicismo para dejar de lado la idea de que necesita controlar todo, puede descubrir que su ansiedad puede mejorar. Habrá situaciones en su vida que no puede controlar. Llegar a este entendimiento puede hacer la vida más fácil de manejar. Puedes dejar eso y concentrarte en las cosas que puedes controlar. La visualización negativa también puede entrar en juego aquí. Cuando se prepara para el peor de los casos y se concentra en las cosas que puede controlar, como la forma en que reacciona ante las situaciones, y aprende cómo dejar de lado las cosas que no puede controlar, encontrará eso. Esos ataques de pánico y esos ataques de ansiedad comenzarán a desaparecer lentamente.

Cómo el Estoicismo Puede Ayudar con las Discapacidades

Hay muchos tipos diferentes de discapacidades. Algunos son temporales y pueden dejarnos atados y ralentizados por un pequeño momento. Otros son más permanentes. Algunos solo pueden afectarnos un poco, y otros pueden dificultar la vida y pueden dificultar el trabajo en general. Nadie desea tener una discapacidad, pero muchas personas no se toman el tiempo para apreciar el hecho de que están sanas y pueden hacer las cosas por sí mismas.

Cuando tiene una discapacidad, es fácil enojarse con el mundo. Está loco por haber perdido la capacidad de hacer cosas. Puede estar molesto por lo difícil que puede ser la vida. Incluso puede estar molesto y enojado por la forma en que las personas se ven y reaccionan a su alrededor. Muchas personas que tienen discapacidades descubren que también se hunden en la depresión y otras enfermedades mentales, especialmente cuando descubren que se quedan atrás o se preocupan por lo que otros piensan de ellas y deciden aislarse de los demás.

En esta situación, hay dos partes diferentes; Las cosas que puede controlar y las que no puede. Para empezar, no puede controlar que tenga esta discapacidad. Algo pasó y ahora tiene esta discapacidad. No es muy divertido, pero no hay nada que pueda hacer al respecto. Si la discapacidad mejorará con el tiempo, ciertamente puede trabajar para mejorarla, pero como la mayoría de las discapacidades son más permanentes, es hora de darse cuenta de que la situación ocurrió y no hay nada que pueda hacer para cambiarla.

Esto no significa que sea severo o cruel con alguien que ha sufrido una discapacidad. Pero cuando cambia su percepción de la situación, descubrirá que puede superarla mucho mejor. En lugar de lamentarse por lo mal que está la situación y sentirse mal por ella, puede darse cuenta de que la situación ocurrió, no tuvo ningún control sobre ella, y ahora es el momento de concentrarse menos en eso y más en las cosas que en realidad se pueden controlar.

No importa cuán mala sea la situación, hay algunas cosas que puede controlar sobre su discapacidad. Para empezar, puedes controlar su actitud y sus pensamientos sobre la discapacidad. En lugar de estar molesto por que le haya pasado algo malo, en lugar de eso, enfóquese en la actitud que le gustaría presentarle al mundo. Considere mirar el lado bueno de las cosas. Piense en cómo sigue vivo, piense en las cosas que todavía puede hacer y piense en las personas que aún puede ver.

Un cambio de actitud puede hacer una gran diferencia en lo bien que puede manejar esta nueva situación o una situación con la que nació. Será más positivo. Encontrará nuevas formas de hacerle la vida más fácil. Se tomará el tiempo para salir de la casa y ver a las personas, lo que puede ayudar a mejorar su estado de ánimo incluso más que antes.

El estoicismo puede ayudarlo a trabajar en esto. Recuerde que hay mucho en el estoicismo acerca de centrarse en las cosas que puede cambiar y controlar, y dejar de lado las cosas sobre las que no tiene control. Esto puede ser difícil cuando ve las cosas que otras personas pueden hacer o las que tienen otras personas, pero descubrirá que hacerlo puede mejorar su vida y hacerlo mucho más feliz en cada aspecto de su vida, sin importar lo que suceda la situación está sucediendo a su alrededor.

El estoicismo puede ayudar a muchos aspectos diferentes de su vida. Puede parecer una filosofía que solo funciona para las personas que son felices y tienen una vida fácil, pero en realidad, puede funcionar para cualquier persona que busque mejorar sus vidas, que quiera aprender a ser más feliz y que quiera ver una mejora. Los que sienten que tienen mala suerte o que la vida está fuera de control son los que más pueden beneficiarse del estoicismo, como hemos visto en este capítulo. Todos pueden obtener una idea y algunos beneficios de trabajar con el estoicismo, solo necesitan aprender cómo implementarlo en sus propias vidas.

Parte 3: Cómo Reaccionar Ante las Cosas que Suceden a Nuestro Alrededor.

Capítulo 9: Las Opiniones Estoicas sobre el Suicidio y la Muerte.

Ahora, es hora de echar un vistazo a la muerte y lo que significa para muchos estoicos modernos. La idea de la muerte es algo que realmente aterroriza a mucha gente. Incluso aquellos que creen en un Dios u otra deidad encuentran que la idea de la muerte puede paralizarlos, aterrorizarlos y mantenerlos en vela, a veces. La muerte es algo que nos llegará a todos en algún momento. Sin embargo, ninguno de nosotros sabe cuándo vendrá, y no sabemos con certeza qué sucederá después, y esto puede ser aterrador.

En este momento, sabemos lo que tenemos en nuestras vidas actuales. Sabemos que tenemos nuestros hogares, sabemos qué esperar y sabemos que es reconfortante. No saber qué sucederá después de nuestra muerte ha torturado las mentes de los individuos a lo largo de la historia. Este es un gran misterio, algo que es desconocido y bastante aterrador para la mayoría de las personas, y también puede ser un gran temor.

Con toda esta preocupación y temor por la muerte a lo largo de los siglos, descubrirá que la filosofía estoica está realmente configurada para ayudarlo a saber más sobre cómo vivir una buena vida y cómo se supone que debemos ver la muerte. En el centro de la filosofía del estoicismo se encuentran tres disciplinas que incluyen: voluntad, acción y percepción. Así como estas tres cosas son útiles en la forma en que vivimos ahora, estas tres también nos pueden dar un enfoque integral de la muerte también bajo la filosofía estoica.

Percepción

Lo primero que vamos a echar un vistazo es la percepción. La percepción va a ser nuestro campo de visión. Es la forma en que nosotros, como individuos, vemos las cosas y es nuestro campo de pensamiento. Y lo que pensamos y lo que vemos va a dar forma a las cosas que hacemos. La percepción es uno de los principios que definen el pensamiento estoico sobre la cognición. Para entender la percepción, es importante que entendamos este tipo de teoría porque es un orden universal de la filosofía estoica.

A los humanos se les ha dado la capacidad de pensar las cosas, algo que ningún otro animal en la tierra puede hacer. Tenemos la capacidad de utilizar nuestra percepción para ver un evento como malo o bueno, basado solo en nuestra interpretación después de una impresión inicial. Los estoicos llamarán a esto la facultad de la razón, y con esto, dijeron que no existe el mal o el bien; estos son solo un producto de cada juicio personal individual.

En la traducción de Meditaciones que realizó Gregory Hays, esta idea se explica en tres partes. En pocas palabras, algo sucede, va a producir algún tipo de expresión en nuestras mentes, y luego vamos a convertir eso en nuestra propia percepción de la situación. Esta percepción incluirá cómo vemos esa cosa o situación, cómo interpretamos ese significado y más. En cierto modo, siempre tenemos el poder de elección.

Los estoicos pasaron mucho tiempo y energía pensando y tratando de dominar su percepción porque sabían lo importante que era la percepción para moldear el comportamiento. Si nuestras percepciones están nubladas, coloreadas con tonterías o si han sido cambiadas por otras cosas en nuestro entorno, es posible que cosas como la infelicidad, la inquietud, la falta de confianza, la ansiedad y el miedo puedan penetrar en ellas. Puede pensar que el proceso de estas percepciones se forma de una manera similar a la forma en que forma los hábitos. Los hábitos comenzarán debido a escuchar, practicar y luego decir cosas, de la misma manera, un día tras otro. Las percepciones serán similares en el sentido de que se arraigarán a través del pensamiento y la práctica repetida a lo largo del tiempo.

Debido a esto, las percepciones tienen la capacidad de ser una poderosa fuente de fortaleza y resolución, o puede usarlas de manera incorrecta y se convierten en una gran fuente de horror y debilidad. La buena noticia aquí es que usted es el que está en control con esta situación. Puede elegir cómo percibirá cualquier situación, incluida la muerte, y puede hacer que esa percepción sea lo que quiera.

Cuando este tema se relaciona con la muerte, el disciplinamiento de su percepción puede convertirse en su aliado cuando se trata de silenciar y apagar el terror que siente por la muerte. Al aprender a tomar control de sus percepciones y manejarlas de la manera adecuada, puede detener ese miedo, incluso hacia la muerte. A menudo tememos a la muerte porque nos hemos entrenado para sentirnos de esta manera. Tenemos la impresión de que cuando la vida termina, ese vacío infinito debe ser devastador y trágico.

Pero cuando aprendemos cómo cambiar nuestras percepciones de la muerte, no se siente tan aterrador como antes. Pero, ¿cómo podemos cambiar nuestros puntos de vista sobre la muerte y verla de manera diferente? Puede empezar pensando en la muerte como algo mejor. En lugar de verlo como un vacío sin fin que da miedo, puede pensar en considerarlo como un lugar donde puede descansar, un lugar donde puede reunirse con sus viejos amigos y familiares. Puede elegir cualquier método en el que le gustaría pensar acerca de la muerte, pero un simple cambio en la percepción realmente puede ayudar a mejorar la forma en que lo maneja en general.

Acción

La percepción tiene que ver con aprender a reinterpretar la muerte. Sin embargo, la acción será más sobre lo que decidamos hacer con respecto a esa percepción hasta la muerte. ¿Qué vamos a hacer con este miedo? ¿Está dejando que ese miedo lo moleste y lo atormente? ¿Está tratando de sacarlo de su mente hasta que vuelva a asomar en su cabeza? Recuerde que solo se trata de vencer sus miedos y ser el único que tiene el control.

Si se vuelve pasivo a la muerte, puede llegar a ser desgarrador y se hará más fuerte con el tiempo. La muerte puede hacer bien como un sujeto polarizador y paralizante. Realmente no queremos hablar de ello, ni pensar en ello, ni siquiera imaginar que nos está sucediendo. Pero vuelva a la idea de visualización negativa que hemos mencionado en esta guía y deje que esa sea su guía. Hay ocasiones en las que puede querer hablar, pensar e incluso imaginar la muerte y cómo sería. Esto ayuda a que la muerte no llegue a nosotros y realmente puede hacer que parezca menos aterrador en general.

Los antiguos estoicos han aprendido a hacer parte de su rutina tener siempre en mente la idea de la muerte. Esto no pretende ser una práctica realmente morbosa. De hecho, estaba destinado a ser lo contrario. La tortura que proviene de la idea de la muerte a menudo se debe al hecho de que nos aferramos a la muerte como algo que da miedo. Sentimos que hay demasiada incertidumbre que proviene de la muerte, y esto nos da miedo a todos. Sabemos que va a suceder, pero no sabemos cuándo sucederá, cómo sucederá o qué sucederá cuando suceda.

Ahora, muchas personas sienten que la muerte es algo que deberían rechazar. Les preocupa que hablar sobre eso y preocuparse por hacerlo solo lo hará parecer más real, y están preocupados por eso. Pero cuando se toma el tiempo para pensar en la muerte y lo que realmente significa, y piensa en el peor de los casos que puede suceder con la muerte, puede comenzar a ver que las cosas no son tan malas y luego se puede enfocar más en disfrutar de la vida

Esto a veces puede parecer una cosa difícil. No somos felices pensando y hablando de lo desconocido. Solo queremos rechazarlo todo y nunca pensar en ello. Pero esto solo hace que el pensamiento de la muerte sea más aterrador que antes. Cuando lo piensa y lo habla, entonces la situación no es tan mala. Tomar medidas para hacer esto y alejar el miedo puede hacer una gran diferencia en la forma en que maneja la muerte mientras está vivo.

Voluntad

Y la tercera disciplina que se dedica a la muerte y la vida en el estoicismo se conoce como voluntad. Los estoicos fueron capaces de categorizar todas las cosas en dos cubos. Una cubeta conocida como interna y la otra era externa. Las partes internas son simplemente las cosas sobre las que podemos tener cierto control. Estas serían las cosas como acción y percepción de las que hablamos antes. Estas son dos elecciones sobre las que tenemos control.

Sin embargo, la idea de lo externo va a ser lo contrario. Estos elementos externos serán las cosas sobre las que realmente no tenemos ningún control. Y la voluntad será la actitud que traemos a la mesa cuando ocurren cosas que no están bajo nuestro control.

No importa cuánto lo intente, hay algunas cosas en la vida que no puede controlar. La gente actuará de cierta manera, habrá un trabajo extra que tendrá que hacer, los niños se pondrán gruñones, alguien tendrá un accidente en su camino al trabajo y terminará tarde. Nuestra voluntad es la forma en que terminamos manejando y reaccionando ante cualquier situación que no esté realmente bajo nuestro control.

La disciplina que viene con la voluntad, a primera vista, puede parecer que va en contra de la percepción y los temas de acción de los que hablamos anteriormente. Pero en realidad, estos se van a alinear muy bien. Somos impotentes ante todos los eventos externos que ocurren en nuestras vidas, excepto por el poder que tenemos para determinar qué significan estos y cómo vamos a responder a ellos.

La voluntad de la que estamos hablando aquí va a tener todo este poder, siempre y cuando sea disciplinado para cultivar la indiferencia ante las cosas que no podemos controlar, para influir en todas nuestras percepciones y luego decidir cómo vamos a responder. Este tipo de voluntad puede ser útil porque le brinda otra opción cuando se trata de superar el miedo que tiene por la idea de la muerte.

Notará que hay algunas similitudes con la voluntad y la percepción y cómo se usa para cambiar la forma en que vemos la muerte: la voluntad llevará esto un poco más lejos. La voluntad no se trata solo de cambiar la forma en que mira la muerte, sino que también le ayuda a ganar la aceptación de que la muerte es lo que la naturaleza, lo que el universo, tenía para nosotros al final. Es algo que les va a pasar a todos, y ser capaz de aceptar eso, sin toda la preocupación, puede llevar a una felicidad mucho mayor a largo plazo.

Según Cicerón y Séneca, la muerte no es algo que se deba temer porque no se ve como algo que sea feliz o infeliz. Si la muerte resulta ser un agujero negro sin nada, entonces esto significa que al final no tenemos dolor ni consciencia. Tendremos paz al final si esto sucede, ¿y quién está asustado o temeroso de la paz?

Por otro lado, tal vez haya vida eterna, al igual que todas las religiones y pensamientos espirituales han prometido durante años. Si esta vida eterna nos espera, entonces esto es una gran cosa. ¿Por qué temeríamos a la muerte y esta vida eterna cuando no es más que bueno para nosotros en la otra vida?

El punto de vista estoico sobre la muerte es bastante diferente de lo que la mayoría de las personas pueden estar acostumbradas cuando hablan de estos temas. Muchas personas han enseñado a tener miedo de la muerte. Incluso si siguen a una de las principales religiones y tienen una buena idea de cómo puede ser la otra vida, muchos todavía temen que las cosas no sean como se imaginaron cuando mueren. Pueden estar preocupados por no volver, por tener un vacío eterno con el que tienen que lidiar, y otras cosas sobre la muerte simplemente porque es algo desconocido y algo que no pueden controlar.

Pero con las ideas que vienen con el estoicismo, la muerte no es ni buena ni mala. Es algo que va a pasar en algún momento. Aceptar esto realmente puede hacer una diferencia. Usar la percepción, la acción y la voluntad sobre la muerte también puede hacer una gran diferencia. Lo ayuda a ver la muerte como una parte natural de nuestras vidas, una continuación, en lugar de estar asustado y molesto por ello y desperdiciar todos esos preciosos años en la tierra pensando en ello. La muerte no es algo que deba asustarlo o algo por que preocuparse. La muerte es una parte natural de nuestras vidas y puede llevarnos a más felicidad en la vida cuando aprendemos cómo mantener el miedo y la incertidumbre fuera de la mezcla.

Capítulo 10: Cómo Lidiar con las Emociones Negativas

Uno de los mayores conceptos erróneos que veremos con respecto al estoicismo es que se considera una filosofía que se basa en no tener emociones. Es importante darse cuenta de que los estoicos sí tienen emociones: solo saben cómo usar esas emociones para su beneficio en comparación con otras personas. Los estoicos saben cómo no dejar que sus emociones los definan o guíen. Realmente no es que las emociones no sean un factor o que la persona pueda vivir su vida sin sentir, pero el estoico se da cuenta de que aún tiene control, independientemente de la emoción presente, y se da cuenta de que las emociones están presentes. Nunca debe ser el único componente en sus vidas.

Otra cosa a tener en cuenta es la idea de la pasión. Muchas personas en nuestro mundo moderno dicen que tienen una pasión por algo. Pero cuando se trata de los estoicos, la pasión va a ser más un tema tabú porque ven la pasión como una emoción con muy poco razonamiento detrás de ella. Es posible tener un montón de pasión por algo, pero ¿qué tan realistas son estos sentimientos en su vida?

Los estoicos son conocidos por su racionalidad y se dan cuenta de que sus emociones a menudo son las culpables de por qué otros no pueden usar la razón al tomar decisiones.

En cierto sentido, la forma en que los estoicos son capaces de manejar sus emociones es como un tipo de meditación. Se toman el tiempo para analizar la situación en cuestión, un valor nominal, evaluar qué tan beneficiosas son las reacciones emocionales y luego decidir cómo quieren responder. En la mayoría de los casos, pueden encontrar que la reacción no va a servir para nada cuando se compara con el resultado deseado.

No hay duda de que algunas de las emociones negativas con las que nos enfrentamos regularmente son un tipo de sistema de alerta durante algunas de las situaciones en nuestras vidas. Sin embargo, esto se convierte en un problema cuando las emociones negativas comienzan a salirse de control y continúan tomando el control mucho más allá de lo que requiere el sistema de alerta. Realmente no hay razón para que estemos revisando constantemente nuestros pensamientos negativos o dejándonos envolver por ellos. Pero esto es lo que le pasa a la mayoría de la gente.

Realmente no necesitamos que nuestras emociones sean un sistema de alerta en nuestro mundo moderno. Hay muchos otros sistemas de alerta en nuestra sociedad. Al mirar a través de los medios y analizar las cosas a diario, no necesitamos convertirnos en las emociones negativas que sentimos. Ser aprensivo y paranoico puede haber sido un gran instinto de supervivencia para el hombre primitivo cuando el mundo era más hostil. Pero ahora, no necesitamos sentir estas cosas y mantenerlas cerca está dañando nuestro bienestar físico e impulsándonos a tomar malas decisiones.

Los estoicos pueden enorgullecerse de vivir en un estado que es más tranquilo, uno que tiene muy poco y, a veces, ningún impacto emocional negativo, algo por lo que todos los demás que están comenzando pueden luchar. Pero incluso los estoicos no son perfectos en este sentido. Todavía hay momentos en que lucharán y se encontrarán con dificultades. Pero la parte importante es seguir trabajando en ello hasta que pueda hacerlo bien.

Lo más importante que debe recordar acerca de las emociones es que cuando ganen el control, perderá sus capacidades de razonamiento. Las emociones no entienden la razón, y esto puede llevarlo a reaccionar de maneras que no se sienta orgulloso si deja salir las emociones. Los estoicos valoran el razonamiento en general, por lo que aprender a dominar y controlar esas emociones puede ser muy importante si quiere convertirse en un estoico.

Por supuesto, esto no significa que las emociones negativas no puedan ser útiles en algunos casos con un estoico. Por ejemplo, ya hemos hablado sobre el uso de la visualización negativa como un ejercicio estoico. Cuando alguien es capaz de crear el peor de los casos, puede verlo, analizarlo un poco, y más, esto puede ayudar a quitar algo del poder que tiene la situación. Cuando ya sabe lo peor que puede suceder y aceptar que esa es la causa más probable, verá que la situación ya no le preocupa tanto. Y cuando la situación resulte mejor de lo que había anticipado, esta puede ser una gran noticia que lo hace más feliz en general.

Otro ángulo del uso de esta visualización negativa y las emociones asociadas con ella es cómo presentaría sus ideas y sus objetivos de manera consciente. Si tuviera la capacidad de despertarse cada día y decirse que va a jugar en la NBA, pero en realidad, es horrible jugando baloncesto, básicamente se está preparando para el fracaso. Ahora, esto puede parecer bastante obvio, pero decirse a si mismo qué sucederá es una excelente manera de encontrar esas emociones negativas si no alcanza la meta.

Con el ejemplo anterior, básicamente se está colocando dentro de un cuadro, en lugar de ser realista acerca de la idea de que la meta no puede suceder. Y como solo está soñando en grande y no está utilizando una visualización negativa, va a chocar contra una pared y sentirás muchas emociones negativas cuando el final no sea de la forma en que lo desea.

La mentalidad de un estoico no solo va a centrarse en la meta, sino que también se centrará en el camino que lo lleva allí. Esto ayuda a llegar al final, al final del camino, mientras se sienten indiferentes al respecto. Claro, usted quiere alcanzar sus metas en la vida, es por eso que estamos encontrando un camino para llegar allí. Pero en realidad, todo lo que podemos hacer es tratar de alcanzar la meta, pero no podemos suponer que sucederá por nosotros. Si no es un buen jugador de baloncesto, no importa cuánto desee o espere estar en la NBA, nunca llegará.

Cuando un estoico puede pensar de esta manera, están creando efectivamente una póliza de seguro que tiene expectativas realistas de fracaso. Esto puede parecer algo malo, pero en realidad puede funcionar para mejorar la vida. Usted sabe de antemano que las cosas pueden no funcionar, y eso está bien. Usted se enfoca en alcanzar su meta, pero mantiene el camino abierto en caso de que las cosas no funcionen como usted quiere todo el tiempo.

En este punto, es posible que se pregunte por qué debería trabajar tan duro para lograr un objetivo si la ideología estoica quiere que ignore el objetivo final. Recuerde que este proceso no es que el estoico no esté pensando en el objetivo final. Se trata más bien del hecho de que el objetivo real es hacer lo que él puede hacer en este momento y luego volverse indiferente ante el resultado, sin importar cuál sea.

Esto no significa que el estoico sea pasivo y que entren en un nuevo conjunto de objetivos que no esperan un resultado positivo. Se trata más bien de que los estoicos tienen suficiente control emocional en el que pueden manejar lo que les espera en el futuro. El estoico trabajará en las cosas que puede controlar cuando se trata de este objetivo, pero luego se da cuenta de que puede haber cosas fuera de su control que pueden hacer que el resultado final sea diferente al planeado.

Para una persona que no es estoica, obtener un resultado final que no sea positivo, o un resultado que no es lo que planearon, podría ser desastroso. Se enojarán y se enfadarán, y sus emociones pueden comenzar a hacerse cargo. Pueden gritarles a los demás, lamentarse de que la vida no sea justa para ellos, irse a casa y enfadarse, e incluso decir y hacer cosas a los que aman, de las que más tarde se arrepienten. Esta es una señal de que las emociones han comenzado a tomar control, y es lo contrario de lo que un buen estoico quisiera ver.

Los estoicos adoptan esta manera diferente de pensar porque saben que les permite ser los que tienen el control sobre sus propias emociones. Se niegan a dejar que las emociones tomen el control, por lo que comienzan un nuevo camino o una nueva expectativa, asumiendo que puede haber cosas que no pueden controlar, y existe la posibilidad de que el resultado no resulte de la forma en que lo quieren. Por supuesto, el estoico quiere tener un resultado positivo para su trabajo o para la situación, pero un verdadero estoico sabe que esto no va a suceder todo el tiempo, por lo que se preparan mentalmente en caso de que no sea así.

Incluso si no planea convertirse en un verdadero estoico, todavía hay mucho que puede aprender de esta perspectiva sobre situaciones y eventos que le suceden. Piénselo de esta manera, si pasa su tiempo tan concentrado en controlar las cosas y en el juego final, piense en todas las experiencias que se perderá en el viaje. Esto puede hacer que la finalización sea menos alcanzable o menos deseable de lo que era antes.

Un estoico va a trabajar para hacer que cada experiencia sea buena, sin importar la situación en la que se encuentre. Se asegurarán de que su enfoque sea holístico, no esté atascado en ninguna parte, y el estoico aprenderá a ser indiferente o feliz con cualquier resultado que ocurra. Esto puede ser difícil dependiendo del tipo de personalidad que tenga. Pero cuando se toma el tiempo para practicarlo, encontrará que produce un resultado que es más favorable.

El control de sus emociones, especialmente las emociones negativas, es la piedra angular de vivir una vida que se considera estoica. Para obtener la verdadera felicidad en su vida, es importante aprender a ser el que tiene el control, y cambiar la forma en que percibe cada situación es a veces la mejor manera de asegurarse de poder controlar sus emociones. En muchos casos, esta parte será la más difícil de trabajar cuando se trata del estoicismo. Pero con un poco de dedicación y con un poco de "levantarse de nuevo si se cae", podrá hacer que esto funcione para usted.

Capítulo 11: Amistad y Amor en una Vida Estoica.

Y ahora, antes de terminar esta sección, es hora de echar un vistazo al amor y la amistad y cómo los estoicos vieron estas interacciones. Si bien muchas personas ven a los estoicos sin emoción y sin pasión, esto no significa que pensaran que el amor era una emoción negativa que tenían que echar de sus vidas. De hecho, tanto Séneca como Marco Aurelio escriben con amor sobre sus esposas muchas veces. Séneca, que terminó perdiendo a su único hijo, capta el amor de la crianza de manera tan hermosa en sus escritos, que es fácil ver cuánto amor y cuidado tenía para su familia.

Además, Cato, conocido como un estoico romano imponente, claramente tenía mucho afecto por su hija, como se puede ver en sus escritos. Y Epicteto argumentaría en varias ocasiones que solo el amante de la racionalidad y la sabiduría puede realmente entender y apreciar el amor de la forma en que estaba destinado a ser.

El punto de esto es que los estoicos amaban, y lo hicieron sin vergüenza y profundamente. Sin embargo, a menudo lo harían de una manera única, diferente de otras escuelas de pensamiento en ese momento, especialmente la romántica. Mientras que el romántico solo entendía el amor en su forma no correspondida, el estoico abordaba las emociones, como el amor, desde una perspectiva más filosófica. Para un estoico, estaba bien amar, pero era importante no dejarse llevar por la locura con ningún amor.

Por ejemplo, ¿cuántas veces un joven ha estado obsesionado con el amor por una mujer joven, y luego ha ido a hacer muchas cosas irracionales y embarazosas? Si va tras el amor y deja que lo controle, entonces va a utilizar el amor de la manera incorrecta. Esto no significa que deba olvidarse del amor y nunca experimentar el amor. Solo debe asegurarte de no dejar que el amor tome el control de todo, o podría terminar siendo su ruina y podría quitarle su libertad.

Hay muchos escritos sobre el amor cuando se trata de los antiguos filósofos estoicos. Por ejemplo, Epicteto describe cuán infeliz será una persona cuando se convierta en esclava, incluso de la persona que ama. Arius Didymus se refiere a menudo a un tipo de amor ingobernable y lujurioso, que quita el razonamiento que deberíamos tener.

Séneca pasa algún tiempo hablando sobre el dolor cegador que una persona siente a menudo cuando pierde a alguien que realmente ama, ya sea por muerte o por distancia. Pero entonces Séneca, siempre regresaría al amor como el mejor método para evitar el dolor, en lugar de sentirse abrumado por el dolor que estás sintiendo.

Entonces, si bien es cierto que los estoicos sí amaban, también tenían algunas preocupaciones de que demasiado amor, o el amor utilizado de manera incorrecta, podría llevar a problemas con su filosofía general. La felicidad estoica es una vida que se vive libre de miedo, pena, dolor y deseo, y una sin pasión. Debido a esta razón, cuando una persona estoica piensa en el amor, a menudo se lo pone en relación con sus principios superiores, exaltando la virtud y comparando su amor por el placer, la riqueza, la gloria y más.

Muchos estoicos también practicaron maneras de equilibrar ese amor para que no se apoderara demasiado de sus vidas. Por ejemplo, un ejercicio que podría hacer en relación con el amor es hablar y explorar sus sentimientos para no rendirse en exceso.

Esto no significa que no pueda amar a las personas en su vida. Como hemos mencionado, hay muchos estoicos que han escrito sobre las personas que amaban en sus vidas. Tener amor en su vida, y las amistades, puede hacer una gran diferencia cuando se trata de cuán feliz será su vida. No le metas en la idea de que el estoicismo piensa que debe vivir la vida sin amor ni amistad, y no trate de vivir una vida como esta.

Sin embargo, la diferencia es que necesita pensar en el amor de una manera racional. Piense en alguien que conoce que se enamoró locamente una vez. El amor no tenía mucho sentido. Parecía moverse rápidamente y la persona que conocía no estaba actuando como ellos mismos, tal vez enojarse cuando otros hablan mal de su amor elegido. Es posible que hayan dejado de hacer otras cosas que les encantaban solo para salir con esta persona. Quizás parecían estar en una situación alta, y de lo único que podían pensar o hablar era de esa persona.

A pesar de que todos los demás podían verlo, el amigo se perdió las señales de advertencia de que la otra persona no era adecuada para el. Mantuvo la relación, tal vez moviéndose demasiado rápido y casándose sin conocer realmente a la otra persona, asumiendo que el amor era suficiente para salir adelante. Es posible que se hayan mudado a una nueva ciudad, hayan obtenido un nuevo trabajo y hayan cambiado su estilo de vida, todo porque la persona que amaban se los pedía.

Ahora, esto no significa que la otra persona no haya amado a su amigo, y tampoco significa que hayan tenido malas intenciones durante este proceso. Es posible que hayan actuado de forma tan irracional durante ese tiempo y que hayan caído en la trampa de las emociones que también toman el control. De cualquier manera, ambas personas están ahora en una relación de amor, siguiendo hacia dónde las llevan sus emociones, en lugar de utilizar cualquier razonamiento en el proceso.

Las personas que se enamoran a primera vista a menudo dejan que sus emociones obtengan lo mejor de ellos. A veces incluso usan esto como una excusa para la forma en que se comportan o la forma en que tratan a los demás. Pero esto está completamente en contra de las creencias que la mayoría de los estoicos tienen y pueden ser una forma peligrosa de vivir su vida.

Los estoicos toman un método ligeramente diferente para encontrar el amor y estar con alguien. Pueden tener momentos en que se enamoran locamente de alguien que acaban de conocer. Pero en lugar de simplemente saltar y seguir sus propias emociones, eligen tomar un rumbo diferente. Cuando se encuentran con esta persona, se detienen y piensan detenidamente, y toman las cosas lentamente. En lugar de solo saltar y mudarse con la otra persona de inmediato, se tomarán su tiempo para conocer a la otra persona.

Pueden llevar a la otra persona a algunas citas y conocerla. Ellos averiguarán si los dos son compatibles. Cuando sienten algunas emociones intensas, se toman el tiempo para pensar en sus emociones, hablar de ello, antes de saltar y actuar de manera precipitada. Saben que está bien estar enamorado y amar a otra persona, pero también se dan cuenta de que todavía tienen que pensar racionalmente las cosas, y no dejar que la emoción del amor se haga cargo.

Si bien los estoicos no van a comprometerse con sus principios filosóficos, todavía pueden permitirse usar una amplia gama de respuestas, siempre que moderen esas respuestas y las basen en la comprensión y el juicio correctos. Recuerde que la deposición de un estoico es estar siempre activo y en control de la situación, siempre vigilante y nunca pasivo en estos casos.

La idea de amar a un estoico es moderada por una sensación de pérdida en el futuro, por el potencial de traición, por la posibilidad de que nuestros sentimientos hacia esa persona también puedan cambiar con el tiempo. Después de aceptar estas condiciones, lo irracional, de estos poderosos sentimientos de amor, se vuelve un poco más racional, y la vida de un estoico es más manejable.

Como alguien que ama la virtud, el estoico es capaz de reconocer cuando otros también tienen virtud. Y dado que este tipo de disposición es la base de la felicidad de un estoico, el amor no correspondido es visto como algo absurdo para el estoico. Debido a la disposición activa, el amante estoico pasará su tiempo preocupándose más por dar amor a otras personas, en lugar de recibirlo. Disfrutan recibiendo el amor de otras personas, pero siguen la idea de que es mejor dar que recibir cuando se trata de amar. Una vez que encuentran a alguien digno de su amor, y saben que este amor les permitirá seguir buscando lo que es importante para ellos y les permite pensar racionalmente, entonces el estoico está más que feliz de compartir su amor con esa persona.

Un estoico está en sintonía con lo que se conoce como el todo, el mundo entero, el universo entero, la humanidad entera. Y en cierto sentido, el estoico es amado por ello. Los estoicos tienen amor no solo por la familia y los amigos, sino también por otras personas en todo el mundo. Recuerda que habíamos hablado de cómo los estoicos pensaban que debería centrarse en la humanidad, en lugar de solo en su propio país o su propia tribu. La idea del amor también puede encajar con esto.

Equipado con este pensamiento, el estoico puede regresar al campo de batalla que se conoce como amor. El estoico sabe que el amor puede fácilmente hacer que pierda el control sobre las cosas, y puede hacer que sea difícil pensar de una manera racional. Pero el estoico es capaz de abordar la idea del amor como un general, llegando con un plan estratégico y una cabeza fría. Junto con los otros preceptos que vienen con los estoicos, él llevará los antídotos que vienen con el exceso de los románticos. Él está listo para amar a los demás en su vida, pero no se dejará enamorar por completo y perderá la razón. Y si termina cayendo, tiene las herramientas para recuperarse después.

Como estoico, es bienvenido a amar. Ame a sus amigo, ame a su cónyuge o con quien está. Ame a sus hijos. Sobre todo, ame a cualquier otra persona que sea importante en su vida, y cuando la ame, asegúrese de hacerlo de manera deliberada y profunda. La filosofía estoica no es contra el amor y todo lo que viene con él. En lugar de simplemente saltar a esto y tomar decisiones apresuradas sin razón, adopte un enfoque sensato. En lugar de enamorarse, elija estar enamorado de la otra persona. Esto puede llevar a una conexión más profunda de lo que puede imaginar, le permite a usted y a la otra persona mantener sus propias personalidades únicas sin renunciar a nada, y puede llevar a un amor más profundo con esa persona.

Parte 4: Ejercicios Espirituales para Convertirse en un Estoico

Capítulo 12: Los Mejores Ejercicios para Crear un Estoico en Usted

Ahora que hemos pasado un tiempo hablando sobre el estoicismo y todas las formas excelentes en que puede ayudar a mejorar su vida, es hora de implementar algunos ejercicios estoicos en su vida. Estos ejercicios lo ayudarán a aprovechar al máximo la filosofía cuando desee agregarla a su propia vida. Algunos de los mejores ejercicios para trabajar incluyen los siguientes.

Practicar la Desgracia

Si bien todos queremos tener todo lo bueno en nuestras vidas y poder evitar lo malo, es importante practicar la desgracia cuando tengamos la oportunidad. Esto puede sonar mal, pero ayuda a entrenarnos para ver que las cosas realmente no son tan malas como pensábamos. Cuando nos preocupamos por perder alimentos, perder nuestros hogares, perder nuestros empleos, nos preocupamos por estas cosas.

Pero cuando practica la desgracia y deja que entre en su vida, aprende que no es tan malo como pensaba. Si estaba preocupado por no tener un trabajo, aprende a pensar de esta manera. Aprende que hay otros trabajos, que tiene suficientes ahorros para manejar la pérdida de un trabajo, y aprende que puede manejar lo que la vida le arroje. Cuando está preocupado por no tener suficiente para comer, y practica a veces sin comer, descubre que faltar algunas comidas no es tan importante.

Practicar la desgracia es la mejor manera de asegurarse de que esté preparado sin importar cómo resulte la vida. Algunas de las situaciones que se le ocurren en la vida están fuera de su control. Pero otros, como la forma en que reacciona ante esas situaciones, están completamente bajo su control. Cuando practica la desgracia, aprende que no es tan malo y luego puede reaccionar a lo que envía al mundo.

Entrene su Percepción para Ver las Cosas de Manera Diferente

"Elija no ser lastimado, y no se sentirá lastimado. No se sienta herido, y no lo ha estado". Los estoicos hicieron un gran ejercicio que llamaron "Dar la vuelta al obstáculo al revés". Lo que esto va a significar es que el individuo debería hacer imposible no practicar la filosofía en su vida diaria. Porque si es capaz de dar la vuelta a cualquier problema, todo lo malo en su vida se volverá bueno.

No hay nada bueno o malo cuando se trata de practicar el estoicismo. Solo existe la percepción de las cosas, y les asignamos un significado como bueno o malo. Puede elegir vincular sus percepciones a la situación de la manera que elija. Pero aprender que todo puede ser bueno o malo, y es cómo los percibimos, y cómo aprendemos a usarlos, ese será el determinante final, al final.

Recuerde que Todo es Efímero

Muchas veces hablamos de pasiones en esta guía. Las pasiones no se usan de la manera que a menudo vemos en nuestro lenguaje moderno. Cuando un estoico está superando sus pasiones, se refiere a deseos y emociones irracionales, poco saludables y excesivos. La ira es un buen ejemplo de una de estas pasiones. Lo que es importante recordar es que el estoico está tratando de reemplazar estas emociones negativas con cosas mejores, como la alegría y la felicidad.

Para volver al punto de este ejercicio, debe recordar lo pequeño que es. Recuerde el hecho de que los logros son pequeños, y solo los retendrá por un instante, y luego ya no. Si todo es efímero como esto, entonces, ¿qué importa todo? Lo único que importa es ahora mismo. Ser una buena persona y aprender a hacer lo correcto en este momento es lo importante.

Trate de Ver las Cosas Desde Otro Punto de Vista

Otra cosa que puede practicar es un ejercicio que se conoce como "Tomar la vista desde arriba". Le invita a dar un paso atrás de la situación, alejarse y ver su propia vida desde un punto de vista que no es el suyo. Esto le ayuda a encontrar una nueva perspectiva y le recuerda qué tan pequeña es esa situación. Esto puede ayudarnos a comprender que cada situación no es necesariamente un gran problema, y tal vez no necesitamos reaccionar exageradamente a cada cosa que nos sucede.

Ver lo pequeños que somos cuando se trata del gran esquema de cosas es en realidad solo una parte de este ejercicio. La siguiente parte que usarán los estoicos se conoce como simpatía o interdependencia mutua con toda la humanidad. Este paso tiene que ver con dar un paso atrás de la situación, especialmente cuando parece que va de forma negativa, y recordarse a sí mismo que no es un gran problema en el gran esquema de las cosas.

Piense en su Propia Mortalidad

Otra parte que viene con el estoicismo es la idea de reflexionar sobre la mortalidad. Según las Meditaciones hechas por Marco Aurelio, "Podría dejar la vida ahora mismo. Deje que eso determine lo que hace, dice y piensa". Esto fue hecho para ser un recordatorio personal para que las personas vivan una vida de virtud en este momento, en lugar de esperar para hacerlo más tarde.

Meditar sobre su propia mortalidad solo será deprimente si lo piensa de la manera incorrecta. Los estoicos encuentran que este pensamiento es humillante y vigorizante. Les gusta la idea de que ahora pueden elegir vivir la mejor vida porque nunca se sabe cuándo van a terminar las cosas para usted. Puede elegir vivir una vida de virtud, puede elegir disfrutar la vida y puede hacer de ella su mejor vida ahora mismo. Mientras otras personas se sienten deprimidas y tristes por la muerte, los estoicos aprenden a apreciar la vida cuando hablan de su propia mortalidad.

Piense acerca de sì la Situación está Bajo su Control

La mayor parte de la filosofía estoica es que el individuo que la practica necesita poder diferenciar entre las cosas que tienen el poder de cambiar y las cosas que no. Muchas veces basamos nuestras vidas y nuestras emociones en cosas sobre las que realmente no tenemos control. ¿Pero realmente vale la pena tener este tipo de actitud sobre cosas sobre las que realmente no podemos hacer nada?

Por ejemplo, su vuelo podría retrasarse debido al clima. No importa cuánto le grite al representante de la aerolínea, pero la tormenta está ahí y el avión no se moverá. Desearnos de haber nacido más alto o más bajo, o desear haber nacido en un país diferente, son cosas que no podemos controlar. Y el tiempo que dedica a hacerse daño por estas cosas incontrolables es tiempo perdido.

Cada día, debe considerar qué puede controlar y qué no puede controlar. Esto solo realmente puede ayudar a aumentar la cantidad de felicidad que experimenta en su vida. Aprende a manejar las cosas que están bajo su control y deja ir las cosas sobre las que no puede hacer mucho.

Pasar un Tiempo Haciendo un Diario

Hacer un diario puede ser un gran ejercicio cuando se trata de aprender a ser un estoico. El arte del periodismo en el estoicismo es más que un simple diario. Esta práctica es más de una filosofía. Esto puede ayudarlo a prepararse para el día siguiente, reflexionar sobre el día que pasó y recordarse toda la sabiduría que aprendió a lo largo del día.

Puede elegir el método que desea utilizar para comenzar con el registro en diario. A algunas personas les gusta escribir un diario por la mañana porque les ayuda a reflexionar sobre lo que les gustaría que sucediera durante el día, y es una excelente manera de prepararse para lo que va a suceder. O puede hacerlo al final del día para ayudarlo a reflexionar sobre las lecciones aprendidas durante ese día y asegurarse de que las recuerde.

Practicar la Visualización Negativa

Otro ejercicio estoico en el que puede trabajar es la premeditación de los males. Este es un ejercicio donde el individuo va a imaginar todas las cosas que podrían perder o todas las cosas que podrían salir mal. La razón por la que hacen esto es que la visualización puede ayudar a preparar a alguien para los reveses inevitables que pueden ocurrir en la vida. Habrá ocasiones en que no obtengamos lo que queremos, incluso si trabajamos duro para lograrlo. No todo va a ser justo o funcionará como queremos. Preparar nuestras mentes para esto puede ser una gran manera de desarrollar nuestra fuerza y nuestra capacidad de recuperación.

Por ejemplo, Séneca comenzaría por revisar o ensayar sus planes para hacer algo, como hacer un viaje. Luego, en su cabeza, o incluso anotándolo como nuestra otra sugerencia, repasaría todas las cosas que podrían salir mal o algo que podría impedirle ir al viaje.

No hay nada que suceda a los hombres más sabios en contra de sus expectativas. Si planifica lo peor, entonces nada le sorprenderá o le molestará cuando las cosas no vayan bien. Es poco probable que las cosas terminen como las peores, lo que significa que está preparado con anticipación, y tendrá un mejor momento del previsto.

Conclusión

Gracias por llegar hasta el final del estoicismo , esperemos que haya sido informativo y capaz de proporcionarle todas las herramientas que necesita para lograr sus objetivos, sean cuales sean.

El siguiente paso es tomarse un tiempo para implementar un poco de estoicismo en su propia vida. Como vimos en este libro, hay muchos aspectos diferentes que pueden venir con la idea del estoicismo. Muchas personas tienen la impresión equivocada cuando se trata del estoicismo. Sienten que este tipo de personas no tienen emociones, que realmente no se preocupan por quienes las rodean, y que no tienen ninguna de sus propias emociones.

Sin embargo, como hemos comentado, los estoicos tienen muchas emociones. Son seres humanos como el resto de nosotros, y esas emociones van y vienen como lo hacen con todos los demás, pero la diferencia es que un estoico ha aprendido a controlar esas emociones. En lugar de dejar que esas emociones se salgan de control, y el estoico obtiene el beneficio de poder sentir una emoción, dar un paso atrás y determinar si esa emoción debe mostrarse en ese momento o no.

Sin embargo, esa es solo una parte de ser un estoico. Hay tanto que viene con este tipo de personalidad y este tipo de persona. Como comentamos a lo largo de esta guía, el estoicismo no solo lo ayuda a aprender cómo controlar sus emociones, sino que también puede ayudarlo a reducir el estrés, la ira, la frustración y otras emociones negativas, ya que le enseña cómo dejar de lado las cosas que no están presentes bajo su control No importa cuánto lo deseemos, la vida va a suceder, y simplemente no podemos controlarlo todo. Comprender esto, y permitir que suceda en nuestras vidas, es una forma de obtener felicidad a través del estoicismo.

Dentro de este libro, también nos tomamos un tiempo para discutir más sobre el estoicismo, las diferentes virtudes que vienen con el estoicismo, cómo se compara con otras religiones que existen en el mundo y si coincidirían con ellas o trabajarían por su cuenta, cómo usar el estoicismo para construir relaciones más sólidas con otras personas que lo rodean, y mucho más.

Lo mejor del estoicismo es que no está ligado a una religión ni a un grupo de personas. Es una filosofía que cualquiera puede implementar en sus vidas. Se trata de ser una persona virtuosa y de encontrar su verdadera felicidad, y eso es algo de lo que todos en el mundo pueden beneficiarse.

Si bien las ideas del estoicismo pueden provenir del mundo antiguo, todavía hay muchas lecciones que podemos aprender y llegar a comprender en nuestras vidas modernas. De hecho, podemos encontrar que necesitamos el estoicismo y sus filosofías más ahora de lo que se necesitaban en el pasado. Cuando esté listo para aprender más sobre el estoicismo y cómo implementar esta escuela de pensamiento en su vida, asegúrese de revisar esta guía para ayudarlo a comenzar.

Finalmente, si encuentra que este libro es útil de alguna manera, ¡siempre se agradece una recomendación en Amazon!

www.ingramcontent.com/pod-product-compliance
Ingram Content Group UK Ltd.
Pitfield, Milton Keynes, MK11 3LW, UK
UKHW022224230426
12048UKWH00016BA/1056